Méthode de français pour adolescents

NIVEAU 2

LIGNE DIRECTE A2.2

CD AUDIO INCLUS

Valérie Lemeunier
Sophie de Abreu
Laurence Alemanni
Ilham Binan
Julien Cardon

didier

Table des crédits photographiques

p. 9 : Aurélia Galicher – **p. 10 bd :** Unimedia/Sipa – **p. 10 hg :** Levy/Dalle – **p. 12 :** Texte et illustrations de Guillaume Dumont © Okapi, Bayard Jeunesse – **p. 12 bd :** GettyImages – **p. 14 :** « Le dessin animé » extrait de *Retour à la terre* © Ferri – Larcenet/Dargaud 2002 ; *Retour à la terre* © Ferri – Larcenet/Dargaud 2002 ; Marguerite Abouet et Clément Oubrerie, *Aya de Yopougon* – tome 1 (Collection « Bayou ») © Gallimard – **p. 15 :** http://www.bodoi.info, avec tous nos remerciements – **p. 15 bg :** Sunyoung Choi – **p. 15 hg :** Anna Lundell – **p. 19 :** ImageShop/Corbis – **p. 20 :** Jérome Pallé – **p. 22 :** misskiwi – Fotolia.com ; shock – Fotolia.com ; William Berry – Fotolia.com ; Marc Dietrich – Fotolia.com ; © Kayros – Fotolia.com ; Cyril Magrin – Fotolia – **p. 24 :** http://www.transcrea.com et http://www.terralliance.org – **p. 25 :** http://www.sudplanete.net – **p. 25 hd :** Katrina Manson/Reuters/Corbis – **p. 25 hg :** Nic Bothma/epa/Corbis – **p. 27 bm :** Massimo Listri/Corbis – **p. 27 hd :** Ryan Smith/Somos Images/Corbis – **p. 27 hg :** Corbis/age fotostock – **p. 28 :** Antony McAulay – Fotolia.com ; Sylvain Reyt – Fotolia.com – **p. 29 :** Matthias Tunger/Photographer's Choice RF/GettyImages – **p. 30 :** *Sans nom ni blason*, de Jacqueline Mirande, Pocket Jeunesse, 2010. – Illustration de couverture : Vincent Madras ; Jean-Claude Mourlevat, *Le Combat d'hiver* (Collection « Pôle fiction ») © Gallimard ; *Mort sur le net* de Christian Grenier (Heure Noire), couverture de Marc Mosnier © Rageot ; *Disparus* de Sarah K., © Éditions Grasset & Fasquelle, 2006 ; Anne Cassidy « Les enquêtes de Patsy Kelly » – *Sans Issue* / Illustration Hervé Pinel © J'ai Lu – Flammarion – **p. 30 bg :** Frédéric Cirou/PhotoAlto/Corbis – **p. 31 :** Cobalt – Fotolia.com ; James Stedl – Fotolia.com ; D. Vasques – Fotolia.com ; alex – Fotolia.com ; Paipai – Fotolia.com ; Ericos – Fotolia.com – **p. 32 :** Eray Haciosmanoglu – Fotolia.com – **p. 32 hg :** Hadj/Sipa – **p. 34 :** « *Mon Quotidien*, le quotidien d'actualité dès 10 ans, http://www.playbac.fr » ; « *Le Petit Quotidien*, le quotidien d'actualité dès 6 ans, http://www.playbac.fr » ; « *L'Actu*, le quotidien d'actualité dès 14 ans, www.playbac.fr » – **p. 34 bm :** étude Millward Brown – European Interactive Advertising Association – **p. 35 :** Hervé de Gueltzl/Photononstop ; Harris Interactive-NetObserver (R) Europe, décembre 2006, http://www.harrisinteractive.fr – **p. 37 :** Articles parus dans *Le Journal des enfants* du 1er avril 2010 – **p. 39 :** Pascal Le Segretain/GettyImages/AFP – **p. 40 :** Inti St Clair/age fotostock ; La Défenseure des Enfants/Création : bouelle.fr – **p. 42 bg :** Tim Pannell/Corbis – **p. 42 hd :** Willy de l'homme/Photononstop – **p. 44 bd :** Emilio Naranjo/EPA/Corbis – **p. 44 hd :** Philippe Lissac/Godong/Corbis – **p. 44 mg :** Jérémy Bembaron/Sygma/Corbis – **p. 45 :** Alain Potignon/Sygma/Corbis – **p. 47 :** Ocean/Corbis – **p. 49 :** François Henry/Réa – **p. 50 :** Glowimages RM/Alamy/hemis.fr – **p. 52 :** « Tapage Nocturne » extrait de *La Smala*, t. 7 © Paulo – Robberecht/Dargaud 2007 – **p. 52 bd :** Thorsten Eckert/age fotostock – **p. 54 bd :** Michel Bussy/age fotostock – **p. 54 bg :** Monart Design – Fotolia.com – **p. 54 bm :** Samuel Borges – Fotolia.com – **p. 55 :** Elenathewise – Fotolia.com – **p. 57 bd :** Tom & Dee Ann McCarthy/corbis – **p. 57 hg :** © Jaubert Images/Alamy – **p. 58 :** Fotolia.com ; Antony McAulay – Fotolia.com – **p. 59 :** http://www.mairie-vannes.fr/la_mairie/conseil_municipal_jeunes/31/index.html, avec tous nos remerciements – **p. 60 hg :** MV2/Conseil économique et social régional Île-de-France – **p. 60 hd :** Afev-Audirep – **p. 62 :** ddrax – Fotolia.com ; TAJ – Fotolia.com ; TAJ – Fotolia.com ; qhoto.net – Fotolia.com – **p. 62 bd :** Angela Hampton Picture Library/Alamy – **p. 64 :** *Agir, il n'y a pas d'âge pour l'engagement*, de Marie Taillan et Lucie albon/Milan Jeunesse – **p. 65 bd :** David Alary – Fotolia.com – **p. 65 hg :** Ton Koene/age fotostock – **p. 67 :** Richard Damoret/Réa.

Table de références des textes

p. 8 : Portfolio européen des langues (p. 13 et 14) © ENS/CIEP/Éditions Didier – **p. 10 hg :** Okapi, Bayard Jeunesse – **p. 10 bg :** *Amina Magazine* – 11, rue de Téhéran – 75009 Paris – amina9@wanadoo.fr – **p. 15 :** Laurence Le Saux pour BoDoï, http://www.bodoi.info – **p. 25 :** http://www.sudplanete.net – **p. 34 :** *Courrier international*, 28-07-2010 – **p. 45 :** « Message d'Albert Jacquard aux enfants du Monde ». Extrait du Grand concert des Droits de l'Enfant de Dominique Dimey donné au cirque d'Hiver à Paris, 20-11-2009, http://www.dominiquedimey.com – **p. 54 :** extrait de l'article « Espagne-Programme de cohabitation entre étudiants et personnes âgées », Floriane Saison, octobre 2003, http://www.senioractu.com – **p. 55 :** École des Grands-Parents européens – **p. 64 :** http://associationdemineurs.blog.lemonde.fr/2009/04/26/il-ny-a-pas-dage-pour-lengagement/, avec tous nos remerciements – **p. 65 :** UNICEF – **p. 67 :** http://www.andenne.be/ma-commune/representation-citoyenne/college-communal-des-jeunes/, avec tous nos remerciements.

Table de références des sons

piste 3 : Extrait du sketch « L'éducation » issu du spectacle intitulé *Papa est en haut* de Gad Elmaleh © Ks2 Management.

piste 20 : « Message d'Albert Jacquard aux enfants du Monde ». Extrait du Grand concert des Droits de l'Enfant de Dominique Dimey donné au cirque d'Hiver à Paris, 20-11-2009, http://www.dominiquedimey.com.

Nous avons recherché en vain les auteurs ou les ayants droit de certains documents reproduits dans ce livre. Leurs droits sont réservés aux Éditions Didier.

Illustrations : Unter (p. 11, 13, 21, 23, 31, 33, 41, 43, 51, 53, 61, 63) – Dom (p. 38, 68) – Marie Voyelle (p. 17) – Laurence Hérédia (p. 22, 34-35, 37, 42, 50, 60, 62).
Couverture : Laurence Hérédia.
Maquette intérieure : Laurence Hérédia.
Mise en page et photogravure : SG Production.
Enregistrements, montage et mixage : En melody.

© Les Éditions Didier, Paris 2011   ISBN 978-2-278-06922-4   Imprimé en France

Achevé d'imprimer en février 2011 par Grafica Veneta – Dépôt légal : 6922/01

Bienvenue sur **Ligne directe** !

Tout au long de cette grande aventure, tu vas découvrir le français et, à chaque étape, tu vas progresser. Avec tes camarades, tu vas réaliser des actions, relever des défis. Tu vas découvrir d'autres manières de penser, de vivre pour mieux apprécier les autres. Ton professeur sera là pour te guider et tous ensemble, grâce à ton énergie et à ton engagement, vous réussirez cette mission !

Embarquement immédiat sur **Ligne directe** !

Les auteurs

TABLEAU DES CONTENUS |||||||||||||||||||||||||||||||||||||||||

Unité	Tâche finale	Objectif de communication	Interculturel
1	Écrire un récit à partir d'une BD	◆ Décrire une situation passée ◆ Relater des faits ◆ Parler d'une habitude passée ◆ Exprimer la durée ◆ Énumérer des faits passés ◆ Donner une précision de temps	La bande dessinée d'ici et d'ailleurs
2	Participer à un concours : créer un style et le définir	◆ Comparer et classifier ◆ Exprimer l'appartenance ◆ Exprimer la condition (l'évidence, le conseil et la certitude) ◆ Caractériser	La mode ici et ailleurs
3	Créer le journal de la classe	◆ Exprimer la cause ◆ Exprimer la conséquence ◆ Décrire une situation ◆ Relater des faits ◆ Résumer une information	Les jeunes et les médias vus d'ici et d'ailleurs
4	Organiser une journée pour la défense des droits des adolescents	◆ Exprimer un droit ◆ Exprimer une obligation ou un devoir ◆ Exprimer une possibilité ◆ Faire une mise en garde ◆ Faire une recommandation	Des célébrités françaises engagées d'ici et d'ailleurs
5	Organiser une rencontre intergénérationnelle	◆ Demander une information ◆ Proposer de l'aide ◆ Exprimer l'opposition ◆ Exprimer le but ◆ Exprimer un fait futur	Les relations entre les jeunes et les personnes âgées ici et ailleurs
6	Participer à un conseil municipal des jeunes	◆ Exprimer un souhait ◆ Exprimer une opinion ◆ Exprimer un doute ◆ Faire un commentaire ◆ Évaluer une quantité ◆ Mettre en évidence un fait	Les jeunes et la solidarité ici et ailleurs

Grammaire	Lexique	Phonétique
• L'imparfait et le passé composé • *Tous les, chaque* • *À l'époque, en, pendant, depuis, il y a* • *D'abord, ensuite, puis, enfin* • Le pronom relatif *où* de temps : *le jour où, le moment où…*	• Les divertissements • La bande dessinée • L'école • Les souvenirs	• L'opposition [e]/[ɛ] • La prosodie du récit
• Les superlatifs • Les pronoms possessifs • *Si* + présent + présent • *Si* + présent + impératif • *Si* + présent + futur • Les adverbes en -*ment*	• La mode (les vêtements, les matières, les formes) • Le monde de la mode (les défilés, la couture, les mannequins…)	• L'opposition [o]/[ɔ] • L'opposition [ʃ]/[ʒ]
• La cause : *comme, puisque, grâce à* • La conséquence : *donc, alors, c'est pour ça que, du coup…* • L'imparfait • Le passif • La nominalisation	• Les médias (la presse écrite, la radio, Internet…) • Les romans policiers • L'enquête	• La mise en évidence • L'opposition [f]/[v]
• *Devoir* + infinitif • *Vous avez à* + infinitif • *Il faut* + infinitif et *il faut que* + subjonctif • *Attention à / Faire attention à* + nom • L'impératif négatif avec un pronom COD : *ne* + *le / l'* + impératif + *pas* • Le subjonctif des verbes en -ER	• Les droits et les devoirs des enfants • L'engagement • La prévention	• Les groupes consonnantiques • Les liaisons obligatoires
• L'interrogation avec l'inversion du sujet • Les pronoms COD : *le, la, les* • Les pronoms COI : *lui, leur* • L'opposition : *mais, alors que, pourtant, même si* • Le but : *pour, afin que* + infinitif et *pour que / afin que* + subjonctif • Le subjonctif des verbes *être* et *avoir* • Le futur des verbes irréguliers : *être, voir, pouvoir, aller*	• Les relations familiales • La communication entre adolescents et parents (le dialogue, l'écoute, les conflits…) • Les relations intergénérationnelles (l'amitié, l'entraide, le partage…)	• L'opposition [j]/[ʒ] • L'opposition [j]/[l]
• Le conditionnel • *Croire / penser / trouver* + *que* + indicatif • *Ne pas croire / penser / trouver* + *que* + subjonctif • *Affirmer / montrer / croire* + que + indicatif • L'accord du participe passé avec *avoir*	• L'expression de la quantité : *la plupart, la majorité, une minorité* • Les sondages • L'engagement et la solidarité • La citoyenneté	• Les liaisons avec la lettre *x* • Les liaisons avec la lettre *h*

IIIIIIII PAGE D'OUVERTURE

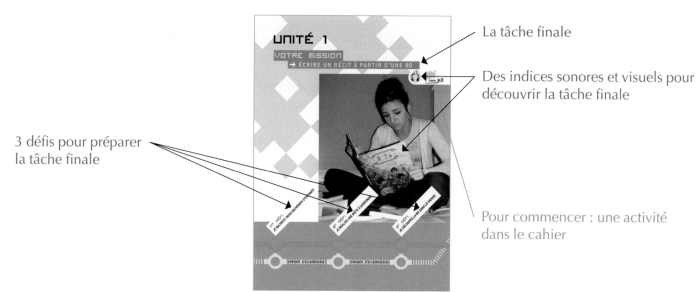

La tâche finale

Des indices sonores et visuels pour découvrir la tâche finale

3 défis pour préparer la tâche finale

Pour commencer : une activité dans le cahier

IIIIIIII DEUX DÉFIS LANGAGIERS

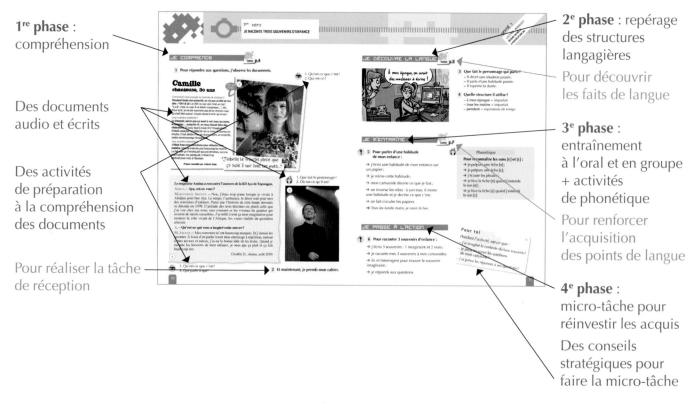

1re phase : compréhension

2e phase : repérage des structures langagières

Pour découvrir les faits de langue

Des documents audio et écrits

Des activités de préparation à la compréhension des documents

3e phase : entraînement à l'oral et en groupe + activités de phonétique

Pour renforcer l'acquisition des points de langue

Pour réaliser la tâche de réception

4e phase : micro-tâche pour réinvestir les acquis

Des conseils stratégiques pour faire la micro-tâche

Écouter

Parler

Lire / Observer

Écrire

Travailler en groupe

UN DÉFI INTERCULTUREL

Découverte
de réalités françaises
et internationales

Pour comprendre
les documents

Pour enrichir
son vocabulaire

LA MISSION

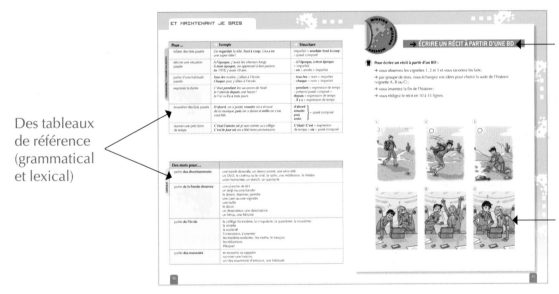

Des tableaux
de référence
(grammatical
et lexical)

La tâche finale

Des documents
pour aider à réaliser
la tâche

L'ÉVALUATION

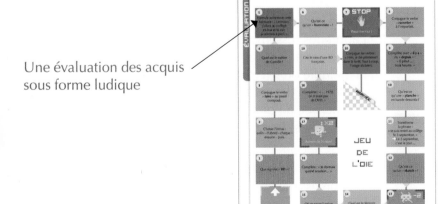

Une évaluation des acquis
sous forme ludique

Pour t'aider : **les annexes**

+ Des transcriptions de tous
les documents oraux

+ Un précis grammatical

+ Un tableau des conjugaisons

+ Un alphabet phonétique

+ Un lexique traduit

STRATÉGIES

Ce que je sais déjà ou ce que je vais essayer de faire

Pour améliorer ma façon de parler

	je le fais déjà		Je vais essayer de le faire	
	oui	non	oui	non
Répéter des petits textes enregistrés.	☐	☐	☐	☐
Enregistrer des mots ou des phrases et comparer avec le modèle original.	☐	☐	☐	☐
Écouter souvent la radio ou des programmes de télévision dans la langue apprise et imiter la mélodie et le rythme des voix entendues.	☐	☐	☐	☐

Pour apprendre des mots

	oui	non	oui	non
Noter les mots nouveaux sur des fiches ou un cahier.	☐	☐	☐	☐
Fabriquer mon dictionnaire.	☐	☐	☐	☐
Utiliser un dictionnaire pour travailler.	☐	☐	☐	☐
Classer les mots déjà connus qui se rapportent à un même sujet et en chercher d'autres, sur ce sujet, à l'aide du dictionnaire.	☐	☐	☐	☐
Chercher des mots qui veulent dire le contraire d'un mot déjà connu.	☐	☐	☐	☐
Chercher des mots qui ont presque le même sens qu'un mot déjà connu.	☐	☐	☐	☐

Pour mieux comprendre et vérifier ce que j'entends

	oui	non	oui	non
Repérer les éléments qui peuvent m'aider à comprendre le sens général : bruits de fond, personnes qui parlent…	☐	☐	☐	☐
Une fois saisi de quoi il est question, repérer les éléments les plus importants.	☐	☐	☐	☐
Prendre des notes tout en écoutant.	☐	☐	☐	☐

Pour comprendre et vérifier ce que je lis

	oui	non	oui	non
Repérer les éléments qui peuvent m'aider à comprendre le sens général : illustration, titre…	☐	☐	☐	☐

⚠ Document à photocopier

	je le fais déjà		Je vais essayer de le faire	
	oui	non	oui	non
Savoir dans quel but je veux lire le texte : chercher des informations particulières ? tout comprendre dans le détail ? voir ce qu'il veut dire « en gros » ? me distraire ? Et, à partir de là, chercher des éléments qui peuvent produire du sens, répondre aux questions : qui ? où ? quand ? comment ? pourquoi ?, faire des hypothèses de sens des mots que je ne comprends pas en m'appuyant sur le contexte, laisser de côté les mots que je ne peux pas comprendre.	☐	☐	☐	☐
Prendre des notes en lisant.	☐	☐	☐	☐
Écrire les mots et expressions que je souhaite apprendre.	☐	☐	☐	☐
Résumer brièvement l'essentiel du texte lu.	☐	☐	☐	☐

Pour relire et améliorer mes propres textes

	oui	non	oui	non
Vérifier s'il y a des paragraphes pour faciliter la lecture et si ces paragraphes sont cohérents et s'enchaînent bien.	☐	☐	☐	☐
Voir s'il est possible de remplacer par d'autres des mots que j'ai souvent répétés dans le texte.	☐	☐	☐	☐

Pour me servir des autres langues que je connais

	oui	non	oui	non
Apprendre une nouvelle langue, ce n'est pas « commencer à zéro » ! La langue ou les langues de la famille, celle de l'école, les langues étrangères déjà apprises servent aussi à découvrir mieux et plus vite une nouvelle langue.	☐	☐	☐	☐
Me demander si la langue nouvelle que j'apprends ressemble un peu à une langue que je connais déjà (par les sonorités, par la mélodie ou le rythme). Ou encore si des formes, des mots, des constructions me font penser, à l'oral ou à l'écrit, à d'autres, découvertes dans d'autres langues.	☐	☐	☐	☐
Ne pas hésiter à noter les ressemblances et les différences pour renforcer la connaissance de l'une et de l'autre langue.	☐	☐	☐	☐

UNITÉ 1

VOTRE MISSION
→ ÉCRIRE UN RÉCIT À PARTIR D'UNE BD

cahier **p.3**

1ER DÉFI
JE RACONTE TROIS SOUVENIRS D'ENFANCE

2E DÉFI
JE RÉALISE UNE BOÎTE À SOUVENIRS

3E DÉFI
JE DÉCOUVRE LA BD DANS LE MONDE

JE COMPRENDS

 cahier **p.4**

1 Pour répondre aux questions, j'observe les documents.

1. Qu'est-ce que c'est ?
2. Qui est-ce ?

Camille
chanteuse, 30 ans

Ma vie d'ado 1

Comment s'est passée ta rentrée de sixième ?
Pendant toute ma scolarité, on n'a pas arrêté de me dire : "Oh! là! là! Le CM1, tu vas voir, c'est un cap", "La 6ᵉ, c'est un cap! Il va falloir s'organiser...", etc. Pour la 6ᵉ, je ne me souviens pas de la rentrée mais ça s'est bien passé : j'avais réussi à m'or-ga-ni-ser!

Une matière préférée ?
Le français, parce que ça avait à voir avec les mots, le langage... Jusqu'en 4ᵉ, on nous faisait faire des rédactions. Et puis, tout à coup, fini l'imagination! Il fallait analyser et réfléchir sur le texte de quelqu'un d'autre. C'est débile. Plus on avance dans sa scolarité, moins on encourage l'imaginaire.

Une matière détestée ?
J'étais trop consciencieuse pour détester une matière. Mais je n'aimais pas beaucoup les maths. Le fait que ça n'impliquait aucune émotion, aucune psychologie, me paniquait. C'était trop abstrait pour moi, à l'époque.

Propos recueillis par Juliette Salin

"J'adorais le français parce que ça avait à voir avec les mots..."

3
1. Que fait le personnage ?
2. Où est-ce qu'il est ?

Le magazine **Amina** *a rencontré l'auteure de la BD* **Aya de Yopougon.**

AMINA. – **Aya, est-ce vous ?**

MARGUERITE ABOUET. – Non, j'étais trop jeune lorsque je vivais à Abidjan pour être Aya. Le temps, l'ambiance, le décor sont pour moi des souvenirs d'enfance. Parce que l'histoire de cette bande dessinée se déroule en 1978. L'attitude des trois héroïnes est plutôt celle que j'ai vue chez ma sœur, mes cousines et les voisines du quartier qui avaient de sacrés caractères. J'ai mêlé à tout ça mon imagination pour montrer le côté vivant de l'Afrique, les vraies réalités du quotidien africain.

A. – **Qu'est-ce qui vous a inspiré cette œuvre ?**

M. ABOUET. – Mes souvenirs m'ont beaucoup marquée. Et j'aimais les raconter. À force d'en parler à tout mon entourage à répétition, surtout à mes neveux et nièces, j'ai eu la bonne idée de les écrire. Quand je raconte les histoires de mon enfance, je sens que ça plaît et ça fait beaucoup rire.

Cristèle D., *Amina*, août 2006

2

3

1. Qu'est-ce que c'est ?
2. Qui parle à qui ?

2 Et maintenant, je prends mon cahier.

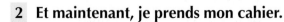

JE DÉCOUVRE LA LANGUE   cahier **p.5**

À mon époque, on avait des machines à écrire !

3 **Que fait le personnage qui parle ?**
– Il décrit une situation passée.
– Il parle d'une habitude passée.
– Il exprime la durée.

4 **Quelle structure il utilise ?**
– **à mon époque** + imparfait
– **tous les matins** + imparfait
– **pendant** + expression de temps

JE M'ENTRAÎNE   cahier **p.7**

5 **Pour parler d'une habitude de mon enfance :**

→ j'écris une habitude de mon enfance sur un papier ;

→ je mime cette habitude ;

→ mon camarade devine ce que je fais ;

→ on inverse les rôles : à son tour, il mime une habitude et je devine ce que c'est ;

→ on fait circuler les papiers.

→ *Tous les lundis matin, je ratais le bus.*

Phonétique

Pour reconnaître les sons [e] et [ɛ] :
→ je prépare une fiche [e] ;
→ je prépare une fiche [ɛ] ;
→ j'écoute les phrases ;
→ je lève la fiche [e] quand j'entends le son [e] ;
→ je lève la fiche [ɛ] quand j'entends le son [ɛ].

JE PASSE À L'ACTION

6 **Pour raconter 3 souvenirs d'enfance :**

→ j'écris 3 souvenirs : 1 imaginaire et 2 vrais ;

→ je raconte mes 3 souvenirs à mes camarades ;

→ ils m'interrogent pour trouver le souvenir imaginaire ;

→ je réponds aux questions.

Pour toi

Pendant l'activité, est-ce que :
– j'ai imaginé le contexte du faux souvenir ?
– je peux imaginer les questions de mon camarade ?
– j'ai prévu les réponses à ses questions ?

JE COMPRENDS

cahier **p.11**

1 Pour répondre aux questions, j'observe les documents.

Raph' et Potétoz, YOMGUI DUMONT

1. Qu'est-ce que c'est ?
2. Qui sont les personnages ?
3. Où se passe la scène ?

1. Qu'est-ce que c'est ?
2. À quoi ça sert ?

2 Et maintenant, je prends mon cahier.

JE DÉCOUVRE LA LANGUE

cahier p.12

Je t'attends depuis vingt minutes !

3 **Que fait le personnage qui parle ?**
- Il exprime la durée.
- Il donne une précision de temps.
- Il énumère des faits passés.

4 **Quelle structure il utilise ?**
- c'était + expression de temps + **où** + passé composé
- **depuis** + expression de temps
- **d'abord** + passé composé + **ensuite** + passé composé + ...

JE M'ENTRAÎNE

cahier p.14

5 **Pour obtenir une précision de temps :**

→ je lance un dé et j'interroge mon camarade ;

→ mon camarade lance le dé ;

→ il répond et on inverse les rôles.

→ – *Quand est-ce que tu as perdu ta montre ?*
– *Je me souviens, c'était le jour où on a fait du cheval.*

⚀	perdre sa montre	⚅	faire une randonnée
⚁	déchirer son jean	⚅	pique-niquer
⚂	casser ses lunettes	⚅	aller au parc
⚃	tomber par terre	⚅	faire du roller
⚄	oublier son sac à dos	⚅	faire du cheval
⚅	rencontrer Laure	⚅	partir en vacances

6

Phonétique

Pour reconnaître la mélodie du récit :
→ j'écoute les phrases ;
→ je répète en reproduisant la mélodie.

JE PASSE À L'ACTION

6 **Pour réaliser une boîte à souvenirs :**

→ je choisis une boîte (un carton, une enveloppe, un sac) ;

→ j'associe chaque souvenir à un objet ;

→ j'apporte ou je dessine ces objets ;

→ je présente ces objets à mes camarades ;

→ je les mets dans ma boîte.

Pour toi

Pour faire l'activité, est-ce que :
– j'ai fait une liste de souvenirs ?
– j'ai identifié un objet pour chaque souvenir ?
– je peux expliquer mes choix (joie, tristesse, humour...) ?

LA BD : ICI ET AILLEURS cahier **p.18**

1 **C'est comment ailleurs ? Pour le savoir :**

→ j'observe et je lis les documents ;

→ je fais l'activité dans mon cahier.

① le dessin animé

③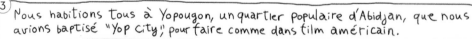
Nous habitions tous à Yopougon, un quartier populaire d'Abidjan, que nous avions baptisé "Yop City", pour faire comme dans film américain.

BoDoï.com

EXPLORATEUR DE BANDES DESSINÉES

Home | À la une | Archives | BD à lire | Critiques | Événements | Jeux | Magazine | News | Toutes les sorties

RENCONTRES

Cette semaine, Laurence Le Saux a rencontré deux jeunes auteures de BD : Joanna Hellgren et Choi Juhyun.

Laurence Le Saux. – Joanna Hellgren, quel a été votre parcours ?

Joanna Hellgren. – Enfant, je lisais beaucoup de BD. À 20 ans, je me suis retrouvée en école préparatoire d'art, et mes amis m'ont conseillée d'en réaliser.
J'ai débuté en illustrant des petits livres. *Frances* est ma première bande dessinée un peu classique, comportant une histoire longue avec de vrais dialogues.
En Suède, le marché de la BD est relativement petit, mais il grandit doucement depuis peu.
La bande dessinée commence enfin à y être perçue comme un art pour adultes !

Joanna Hellgren

Laurence Le Saux. – Choi Juhyun, quel a été votre parcours ?

Choi Juhyun. – À Séoul, j'ai suivi des études de langues, puis de design.
C'était ennuyeux, car très pragmatique. Moi, je voulais aller aux Beaux-Arts.
Alors j'ai fait comme beaucoup de Coréens qui, faute de pouvoir se former dans leur pays – car les études d'art y sont très coûteuses et élitistes –, s'exilent.
Je suis venue en France il y a sept ans, et j'ai étudié à Limoges puis à Poitiers.
Ensuite j'ai fait diverses installations ainsi que du théâtre d'ombres. Les techniques narratives m'intéressant particulièrement, je me suis orientée vers la bande dessinée. Le passage au dessin s'est fait naturellement, d'autant plus qu'en Corée je peignais déjà. Pourtant, je n'imaginais pas remplir des cases lorsque j'étais dans mon pays d'origine ! Là-bas, la BD est une industrie et n'a rien à voir avec l'art.

Choi Juhyun

Terminé

2 Les mots pour le dire

Pour travailler le vocabulaire de la bande dessinée, je prends mon cahier.

LA BD ET LES SOUVENIRS

 3 Pour présenter la BD ou le dessin animé de mon enfance :

→ je raconte où l'histoire se passait ;

→ je décris à quelle époque ça se passait ;

→ je décris comment était le héros ;

→ j'explique pourquoi je l'aimais.

GRAMMAIRE / COMMUNICATION

Pour...	→ Exemple	→ Structure
relater des faits passés	*On **regardait** la télé. **Tout à coup**, Lisa **a eu** une super idée !*	imparfait + **soudain** / **tout à coup** + passé composé
décrire une situation passée	***À l'époque**, j'avais les cheveux longs.* ***À mon époque**, on apprenait à être patient.* ***En** 1978, j'avais 10 ans.*	– **à l'époque, à mon époque** + imparfait – **en** + année + imparfait
parler d'une habitude passée	***Tous les** matins, j'allais à l'école.* ***Chaque** jour, j'allais à l'école.*	– **tous les** + nom + imparfait – **chaque** + nom + imparfait
exprimer la durée	*C'était **pendant** les vacances de Noël.* *Je t'attends **depuis** une heure !* *Je l'ai vu **il y a** trois jours.*	– **pendant** + expression de temps – présent/passé composé + **depuis** + expression de temps – **il y a** + expression de temps
énumérer des faits passés	***D'abord**, on a goûté, **ensuite** on a écouté de la musique, **puis** on a dansé et **enfin** on s'est couchés.*	**d'abord** **ensuite** } + passé composé **puis** **enfin**
donner une précision de temps	*C'était l'année **où** je suis entrée au collège.* *C'est le jour **où** on a fêté mon anniversaire.*	**C'était / C'est** + expression de temps + **où** + passé composé

LEXIQUE

Des mots pour...	
parler **des divertissements**	une bande dessinée, un dessin animé, une série télé un DVD, le cinéma ou le ciné, la radio, une rediffusion, le théâtre un(e) humoriste, un sketch, un spectacle
parler **de la bande dessinée**	une planche de BD un *strip* (ou une bande) le dessin, dessiner, peindre une case ou une vignette une bulle le décor un dessinateur, une dessinatrice un héros, une héroïne
parler **de l'école**	le collège (la sixième, la cinquième, la quatrième, la troisième) la rentrée la scolarité l'orientation, s'orienter les matières scolaires : les maths, le français les rédactions éduquer
parler **des souvenirs**	se souvenir, se rappeler raconter une histoire un/des souvenir(s) d'enfance, une habitude

 Pour écrire un récit à partir d'une BD :

→ vous observez les vignettes 1, 2 et 3 et vous racontez les faits ;

→ par groupe de trois, vous échangez vos idées pour choisir la suite de l'histoire (vignette A, B ou C) ;

→ vous inventez la fin de l'histoire ;

→ vous rédigez le récit en 10 à 15 lignes.

① ② ③

Ⓐ Ⓑ Ⓒ

5 Formule autrement cette habitude : « Le matin, j'allais au collège en bus et le soir, je rentrais à pied. »

6 Qu'est-ce qu'un « **humoriste** » ?

7 STOP
Passe ton tour !

8 Conjugue le verbe « **raconter** » à l'imparfait.

4 Quel est le métier de Camille ?

19 Cite le titre d'une BD française.

20 Conjugue les verbes : « Hier, je *(se promener)* dans la forêt. Tout à coup, l'orage *(éclater)*.

9 Complète avec « **il y a** » ou « **depuis** » : « Il pleut … trois heures. »

3 Conjugue le verbe « **faire** » au passé composé.

18 Complète : « … 1970, on n'avait pas de DVD. »

ARRIVÉE

10 Qu'est-ce qu'une « **planche** » en bande dessinée ?

2 Chasse l'intrus : enfin – d'abord – chaque – ensuite – puis.

17 ×2
Avance de 2 cases !

JEU DE L'OIE

11 Transforme la phrase : « Je suis rentré au collège le 3 septembre. » → Le 3 septembre, c'est le jour…

1 Que signifie « **BD** » ?

16 Complète : « Je dormais quand soudain… »

12 Qu'est-ce qu'un « **sketch** » ?

DÉPART

15 Où se passe l'action d'*Aya de Yopougon* ?

14 Quel est le féminin de « **héros** » ?

13 -2
Recule de 2 cases !

UNITÉ 2

1ER DÉFI
JE FAIS MON PALMARÈS

2E DÉFI
JE PARTICIPE À UN MICRO-TROTTOIR

3E DÉFI
JE DÉCOUVRE D'AUTRES MODES

CAHIER D'EXERCICES   CAHIER D'EXERCICES

1ER DÉFI

JE FAIS MON PALMARÈS

JE COMPRENDS

cahier **p.22**

1 **Pour répondre aux questions, j'observe les documents.**

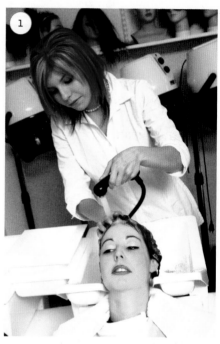

1. Où se passe la scène ?
2. Qui parle à qui ?

> **Boîte de réception**
>
> Supprimer — Indésirable — Répondre — Rép. à tous — Réexpédier — Imprimer
>
> De : Pauline Foyer   Date : 1er septembre 2011
> Objet : Mon palmarès de l'été   À : Roux, Lisa
>
> Salut Lisa,
>
> J'espère que tu vas bien et que tu as passé de bonnes vacances. Moi, je suis restée à Beynes. J'ai juste passé une semaine à Crozon chez ma cousine.
>
> Ce ne sont pas les meilleures vacances de ma vie, mais ce ne sont pas les pires : j'ai lu, je suis allée au cinéma, j'ai visité la région et, pour mes 15 ans, mes parents m'ont offert une place au Festival du Bout du Monde !
>
> Pour m'amuser, j'ai fait mon petit palmarès :
>
> – pour les concerts, mon préféré, c'est celui d'Olivia Ruiz. Pour moi, c'est vraiment la meilleure chanteuse française aujourd'hui ! J'ai aussi découvert Moriarty : c'est la plus belle surprise du festival !
>
> – pour les livres, j'ai préféré *Le Combat d'hiver* de Jean-Claude Mourlevat. C'est le bouquin le mieux écrit et le plus captivant de l'été !
>
> – au ciné, j'ai une petite préférence pour le film de Riad Sattouf, *Les Beaux Gosses*. On se reconnaît bien, je trouve.
>
> – pour finir, j'ai eu un coup de cœur pour France Miniature. C'est un des parcs les moins visités de France mais c'est un endroit génial ! En quelques heures, tu visites les plus beaux monuments du pays. Tu peux faire une pause pique-nique au milieu du parcours où il y a les attractions les plus impressionnantes ! Bref, c'est de la bombe !
>
> Et toi, qu'est-ce que tu as fait cet été ?
>
> Bises
>
> Pauline

1. Qu'est-ce c'est ?
2. Qui écrit à qui ?
3. À quel sujet ?

2 **Et maintenant, je prends mon cahier.**

JE DÉCOUVRE LA LANGUE cahier p.23

C'est le meilleur livre de l'été !

3 Que fait le personnage qui parle ?
– Il compare.
– Il classifie.
– Il caractérise.

4 Quelle structure il utilise ?
– **C'est** + comparatif + adjectif
– **C'est** + superlatif + nom
– **C'est** + adjectif qualificatif

JE M'ENTRAÎNE   cahier p.25

 5 Pour trouver à qui appartient l'objet :

→ on dépose secrètement un objet dans un sac ;

→ je sors un objet du sac ;

→ je cherche le propriétaire de l'objet ;

→ je passe le sac à mon voisin.

→ – *J'ai trouvé ces lunettes hier chez moi. Ce sont les tiennes ?*
– Oui, ce sont les miennes, merci ! / Non, ce ne sont pas les miennes !

Phonétique

Pour reconnaître les sons [o] et [ɔ] :

→ je prépare une fiche [o] ;

→ je prépare une fiche [ɔ] ;

→ j'écoute les phrases ;

→ je lève la fiche [o] quand j'entends le son [o] ;

→ je lève la fiche [ɔ] quand j'entends le son [ɔ].

JE PASSE À L'ACTION

 6 Pour faire le palmarès de l'été :

→ je fais une liste de dix éléments pour le palmarès (un livre, un film, un disque, une BD, une activité sportive, une activité culturelle…) ;

→ je cherche des photos ;

→ j'écris les légendes pour chaque élément.

Pour toi

Avant de faire l'activité, est-ce que :
– j'ai 10 catégories différentes pour mon palmarès ?
– je peux expliquer ma sélection ?
– je peux expliquer mon classement ?

JE COMPRENDS

cahier **p.29**

1 **Pour répondre aux questions, j'observe les documents.**

Quel style pour cet été ?

Les bohèmes :
être simplement et confortablement à la mode !

Si tu préfères les tenues décontrac-tées, tu adoreras le style bohème avec ses jupes longues et ses chemises à fleurs. Très chics, ces jupes se portent naturellement, en toutes occasions, avec un foulard ou un chapeau de paille. Et si tu vas à la plage, n'oublie pas tes sandales en cuir !

Les *fashion victims* :
être légèrement et joyeusement à la mode !

Si tu changes souvent de style et de coupe de cheveux, si ta garde-robe déborde de vêtements mais également de ceintures, sacs, et autres accessoires, tu es véritablement une *fashion victim* ! Cet été, tu peux porter des chemises à carreaux et des jeans délavés ou troués, tu seras totalement à la mode !

Les excentriques :
être audacieusement et artistiquement à la mode !

Si pour toi la mode est vraiment un art et si tu te moques complètement des critiques des copains, tu trouveras certainement ton bonheur dans les friperies ! Cet été, ose les lunettes en forme de losange, les vêtements colorés et une coupe de cheveux asymétrique si tu veux épater tes amis !

Les altermodes :
être écologiquement et solidairement à la mode !

Si tu es solidaire et si tu milites pour le respect de la nature, tu préfères évidemment le style ethnique. Ta tenue pour l'été : un T-shirt en coton bio, un bermuda en chanvre, des tongs en caoutchouc recyclé et un sac en laine de lama !

1. Qu'est-ce que c'est ?
2. À qui s'adresse ce document ?
3. Quel est le thème ?

2 **Et maintenant, je prends mon cahier.**

JE DÉCOUVRE LA LANGUE

cahier **p.30**

Si tu vas à la plage, n'oublie pas tes lunettes !

3 Que fait le personnage qui parle ?
- Il exprime une évidence.
- Il exprime une certitude.
- Il donne un conseil.

4 Quelle structure il utilise ?
- **si** + présent + présent
- **si** + présent + futur
- **si** + présent + impératif

JE M'ENTRAÎNE

cahier **p.32**

5 Pour participer au jeu :

→ je lance le dé ;

→ je donne un conseil à mon camarade ;

→ j'écoute la réponse et on inverse les rôles.

→ – *Si tu veux être à la mode et respecter l'environnement, fais du troc avec tes copains !*
– *Oui, bonne idée !*

- ⚀ renoncer aux marques
- ⚁ choisir des vêtements en matières naturelles
- ⚂ acheter des vêtements dans des friperies
- ⚃ porter des chaussures en caoutchouc recyclé
- ⚄ remplacer la lessive par des noix de lavage
- ⚅ relooker ses anciens vêtements

10

Phonétique

Pour reconnaître les sons [ʃ] et [ʒ] :

→ je prépare une fiche [ʃ] ;

→ je prépare une fiche [ʒ] ;

→ j'écoute les phrases ;

→ je lève la fiche [ʃ] quand j'entends le son [ʃ] ;

→ je lève la fiche [ʒ] quand j'entends le son [ʒ].

JE PASSE À L'ACTION

6 Pour participer au micro-trottoir « Es-tu altermode ? » :

→ je pose cette question à un camarade ;

→ je l'écoute et je prends des notes ;

→ je rédige un article de 10 lignes.

Pour toi

Avant de faire l'activité, j'indique combien de temps j'ai pour :
– *repérer les mots importants de la consigne ;*
– *interroger un camarade et prendre des notes ;*
– *rédiger un brouillon et recopier au propre ;*
– *relire une dernière fois.*

LA MODE ICI ET AILLEURS cahier **p.36**

1 C'est comment ailleurs ? Pour le savoir :

→ j'observe et je lis les documents ;

→ je fais l'activité dans mon cahier.

2 Les mots pour le dire

Pour travailler le vocabulaire de la mode, je prends mon cahier.

2

Ne manquez pas le défilé de mode éthique !

Idéovert Agency organise un défilé de mode éthique le 26 juin 2010, à l'occasion du Festival de la Terre qui se déroulera du 25 au 27 juin 2010 au parc de Bercy.

Le Festival de la Terre et Idéovert Agency, une collaboration originale

Pour la 6ᵉ édition, l'association Terralliance, qui œuvre en faveur de l'éducation citoyenne et les initiatives nationales liées à l'écologie, au développement durable et à la solidarité, organise un événement phare du développement durable dans le monde : le Festival de la Terre. Une manifestation ludique et festive où une large palette d'actions citoyennes viennent rythmer les journées : ateliers, conférences, expositions, marchés solidaires, villages associatifs, concerts de musique... En tant que nouveau partenaire de Terralliance, Idéovert Agency organise pour le festival un des nouveaux rendez-vous incontournables de la mode éthique.

4 étudiantes, un projet ambitieux et éthique

En master de communication à Pôle Paris Alternance, 4 étudiantes se mobilisent depuis octobre autour de la création d'un événement original et fédérateur. Engagées dans le développement durable et l'univers du bio, elles ont choisi de concevoir un défilé de mode alliant l'univers artistique à la dimension naturelle et bio.

Venez nombreux pour découvrir une mode pas comme les autres !

Idéovert Agency, le 12 avril 2010.

Sudplanète, portail de la diversité culturelle

ALLURE a vu le jour en octobre 2007, à Lomé, dans le but de promouvoir la mode et les talents du continent africain.

Créée par Abasse Tchakondo, Allure est composée de créateurs de mode, et de mannequins prêts à partager leur passion pour la mode et à donner de leur temps pour la réalisation des activités.

Allure se donne pour mission de valoriser la mode en Afrique, de développer la création vestimentaire, de militer pour une véritable authenticité de la mode africaine, d'œuvrer pour une dynamique et une reconnaissance internationales des couturiers du continent, de sensibiliser les jeunes à l'art vestimentaire africain, d'organiser des manifestations et des rencontres autour de la mode, de créer un pôle d'échanges entre créateurs de mode, stylistes et mannequins d'Afrique et d'ailleurs.

Elle forme les mannequins, organise des défilés de mode et sensibilise acteurs et décideurs du secteur au potentiel économique de la mode en Afrique.

La mode est en effet créatrice d'emplois, en mannequinat, textiles, bijouterie, maroquinerie. Alors Allure entend pousser à une réflexion sur l'état de la mode en Afrique, pour permettre aux créateurs de mode africains de résister à l'assaut des modes vestimentaires venues d'ailleurs, et de préserver les identités et les cultures nationales africaines.

UN DÉFILÉ DE MODE ORIGINAL

3 Pour préparer un défilé de mode original :

→ je fais une liste de thèmes originaux ;

→ je sélectione un thème et je cherche des photos sur ce thème ;

→ je rédige un texte de 10 lignes pour présenter mon projet.

GRAMMAIRE / COMMUNICATION

Pour...	→ Exemple	→ Structure
classifier	*C'est le livre le plus captivant !* *C'est le parc le moins visité de France.* *C'est le livre le mieux écrit de l'été !* *Ce sont les meilleures vacances de ma vie !* *Ce sont les pires vacances de ma vie !*	**Les superlatifs :** – le / la / les + **plus** / **moins** + adjectif – le / la / les + **mieux** + participe passé – le / la / les + **meilleur(e)** / **meilleur(e)s** + nom – le / la / les + **pire(s)** + nom
exprimer l'appartenance	*C'est mon chapeau : c'est le mien.* *C'est ta jupe : c'est la tienne.* *Ce sont ses foulards : ce sont les siens.* *Ce sont mes chaussures : ce sont les miennes.*	**Les pronoms possessifs :** – le + **mien** / **tien** / **sien** – la + **mienne** / **tienne** / **sienne** – les + **miens** / **tiens** / **siens** – les + **miennes** / **tiennes** / **siennes**
exprimer la condition : – exprimer une évidence ou une généralité	*Si tu changes souvent de style, tu es une fashion victim.*	**si** + présent + présent
– exprimer un conseil ou un ordre	*Si tu veux épater tes amis, ose les vêtements colorés.*	**si** + présent + impératif
– exprimer une probabilité ou une certitude	*Si tu préfères les tenues décontractées, tu adoreras le style bohème.*	**si** + présent + futur
caractériser en précisant la manière de faire quelque chose	*joyeuse* → *joyeusement* *vrai* → *vraiment* *évident* → *évidemment* *suffisant* → *suffisamment*	**Les adverbes en -ment :** – adjectif au féminin + **-ment** – pour un adjectif en *i* au masculin : → adjectif au masculin + **-ment** – pour un adjectif terminé par **-ent** ou **-ant** : → adjectif au masculin + **-emment** ou **-amment**

LEXIQUE

Des mots pour...	
parler de **la mode**	**Les vêtements :** une jupe, une chemise, un T-shirt, un bermuda, un jean **Les chaussures :** des tongs, des sandales **Les accessoires :** un chapeau, des lunettes, un foulard, une ceinture, un sac **Les matières :** en coton, en chanvre, en laine, en caoutchouc **Les formes et les motifs :** à fleurs, à carreaux, en forme de losange **Les styles :** bohème, ethnique, altermode être à la mode, la mode bio, la mode éthique une friperie, une garde-robe un défilé de mode, défiler, un mannequin, le mannequinat un styliste, un couturier, un créateur de mode, la création vestimentaire le textile, la bijouterie, la maroquinerie une manifestation, une rencontre, un festival, une conférence, une exposition
parler **des cheveux**	volumineux, épais, court, long, fin, lisse onduler le coiffeur, la coiffeuse un salon de coiffure

→ PARTICIPER À UN CONCOURS : CRÉER UN STYLE ET LE DÉFINIR

Pour présenter votre style :

→ vous choisissez la forme du support (catalogue, bloc, affiche…) ;

→ vous échangez vos idées sur les différents styles ;

→ vous dessinez 4 illustrations ou vous découpez des photos ;

→ vous écrivez des légendes (5 lignes chacune) pour commenter votre style.

Notre style « Bohème »

Nos croquis de mode

Quiz

abc Langue

Choisis le superlatif
qui convient :
« J'ai détesté ce film.
C'est ... film
de l'année ! »

- le meilleur
- le plus mauvais
- le mieux

Mode

Cite 3 matières
de vêtements.

abc Langue

Quel adverbe
peux-tu former
avec « différent » ?

Culture

Où a lieu le Festival
de la Terre ?

Mode

Que signifie
« altermode » ?

abc Langue

Qu'exprime cette
phrase :
« Si tu aimes bien Riad
Sattouf, tu adoreras
Les Beaux Gosses ! »

- une probabilité
- une généralité
- un ordre

Culture

De quel pays
est originaire
l'association Allure ?

abc Langue

Remplace les mots
soulignés par le pronom
possessif qui convient :
« Ce sont
mes sandales. »

- les miens
- les miennes
- les siennes
- les tiennes

abc Langue

Trouve 2 mots avec
le son [ʃ] et 2 mots
avec le son [ʒ].

Mode

Cite 3 idées pour être
à la mode et respecter
l'environnement.

abc Langue

Pour donner un conseil,
choisis le temps
qui convient :
« Si tu aimes le style
bohème, ... des jupes
à fleurs ! »

- essaye
- tu essayes
- tu essayeras

Culture

Le Festival du Bout
du Monde est
un festival :

- de cinéma
- de musique
- de mode

UNITÉ 3

VOTRE MISSION

→ CRÉER LE JOURNAL DE LA CLASSE

11

cahier **p.39**

1ER DÉFI
J'ÉCRIS UNE HISTOIRE POLICIÈRE

2E DÉFI
JE RÉSOUS UNE ÉNIGME POLICIÈRE

3E DÉFI
JE DÉCOUVRE LES MÉDIAS
DANS LE MONDE

CAHIER D'EXERCICES   CAHIER D'EXERCICES

JE COMPRENDS

 cahier **p.40**

1 Pour répondre aux questions, j'observe les documents.

  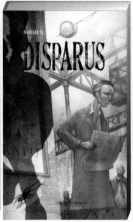  

1. Qu'est-ce que c'est ?
2. Que représentent les illustrations ?

Comment l'assassin a-t-il donc pu s'échapper ? C'est un mystère, car la porte d'entrée de la victime est fermée à double tour de l'intérieur. Le mort a été retrouvé assis dans un fauteuil. Il a été tué net par une épée de collection qui a disparu. Un message étrange a été envoyé sur l'ordinateur de la victime : « Par le fer par le feu par le net » mais par qui ?
Logicielle et Max ne sont pas au bout de leurs surprises…

Guillaume a été abandonné tout petit, devant un monastère. Il est maltraité par le seigneur de son domaine, il décide alors de partir à la recherche de sa famille. Avec un ami tailleur de pierre, il parcourt la France du Moyen Âge.

Vincent a 20 ans : il vole des bagages dans les trains. Un jour, il décide d'arrêter pour devenir serveur dans un restaurant. Mais le dernier sac qu'il vole a un contenu préoccupant. Comme Vincent pense que la jeune fille qui possédait ce sac est en danger, il décide de la sauver. Aidé d'un auteur de romans policiers, Vincent va se retrouver durant son enquête sur le tournage d'un film.

1. Qu'est-ce que c'est ?
2. À quoi servent ces documents ?

1. Qui parle à qui ?
2. De quoi ?

2 Et maintenant, je prends mon cahier.

JE DÉCOUVRE LA LANGUE
 cahier **p.41**

> Grâce à cet indice, je vais résoudre l'énigme !

3 Que fait le personnage qui parle ?
– Il exprime la cause.
– Il exprime l'opposition.
– Il exprime la conséquence.

4 Quelle structure il utilise ?
– **grâce à** + nom/pronom
– **mais** + groupe verbal
– **du coup** + groupe verbal

JE M'ENTRAÎNE
 cahier **p.43**

5 Pour énumérer les objets volés :

→ je répète la phrase entendue et j'ajoute un objet de mon choix.

→ – *Le voisin a été cambriolé ! On lui a volé sa montre.*
– *Le voisin a été cambriolé ! On lui a volé sa montre et sa moto.*

 13

Phonétique

Pour mettre en valeur une information :
→ j'écoute les phrases ;
→ je repère la syllabe qui est mise en valeur ;
→ je répète les phrases.

→ *Le mystère est résolu **grâce** à toi.*

JE PASSE À L'ACTION

6 Pour écrire une histoire policière :

→ j'observe la couverture du roman *Sans issue* ;
→ je note les mots que j'associe au dessin ;
→ j'invente mon histoire ;
→ j'écris le résumé de mon histoire en 10 lignes.

Pour toi

Pour faire l'activité, je réponds aux questions :
– Qui sont les personnages ?
– Où et quand se passe l'histoire ?
– Qu'est-ce qui se passe ?

JE COMPRENDS

cahier **p.47**

1 Pour répondre aux questions, j'observe les documents.

 14

1. Qui est-ce ?
2. Où se passe la scène ?
3. Quel est le sujet ?

> *4 suspectes : Anne Martin, Barbara Bans, Élise Lopez, Mathilde Sorin*
>
> — *Vol dans un magasin de parachutes à côté de chez Anne Martin.*
>
> — *Barbara Bans a un frère, Jean Bans, qui vit à la Martinique depuis un an.*
>
> — *La prof de Yoga a été filmée par une caméra de surveillance de la banque centrale de Martinique au moment des faits.*
>
> — *Élise Lopez pliait un parachute quand elle a été interpellée.*
>
> — *L'archéologue s'est teint les cheveux en blond le jour de son interpellation.*
>
> — *Jean Bans est instituteur à la Martinique.*
>
> — *L'archéologue pense qu'elle a été chargée d'une mission : rendre le monde meilleur.*
>
> — *Barbara Bans est une militante écologique.*
>
> — *La sœur de l'instituteur a peur des avions.*
>
> — *Le mari de Mathilde Sorin pilotait l'avion au moment des faits.*
>
> — *Élise Lopez est une archéologue qui fait des fouilles à la Martinique.*
>
> — *La femme du pilote de l'avion est professeur de Yoga.*
>
> — *Anne Martin vit à la Martinique où elle dirige une ONG.*

1. Qu'est-ce que c'est ?
2. De qui est-il question ?

2 Et maintenant, je prends mon cahier.

JE DÉCOUVRE LA LANGUE   cahier p.48

Découverte d'un squelette de dinosaure à Angers !

3 **Que fait le personnage qui parle ?**
– Il décrit une situation passée.
– Il raconte des faits.
– Il résume une information.

4 **Quelle structure il utilise ?**
– l'imparfait
– le passé composé
– la nominalisation

JE M'ENTRAÎNE   cahier p.50

 15

5 **Pour mener l'enquête et trouver le voleur :**

→ on fait sortir une personne qui est l'inspecteur ;

→ on décide qui est le voleur ;

→ on fait rentrer l'inspecteur qui pose des questions aux témoins pour identifier le voleur ;

→ les témoins ne peuvent répondre que par « oui » ou par « non » ;

→ le voleur peut mentir.

→ – Est-ce que le voleur avait les yeux bleus ?
– Non !

Phonétique

Pour reconnaître les sons [f] et [v] :
→ je prépare une fiche [f] et une fiche [v] ;
→ j'écoute les mots ;
→ je lève la fiche [f] quand j'entends le son [f] ;
→ je lève la fiche [v] quand j'entends le son [v].

JE PASSE À L'ACTION

6 **Pour résoudre l'énigme policière (document 2) :**

→ je relis les indices ;

→ je classe les informations ;

→ je note les recoupements possibles ;

→ je propose le nom de la coupable.

Pour toi

Pour faire l'activité, est-ce que :
– j'ai fait un tableau avec 1 colonne par suspect ?
– j'ai classé chaque information dans le tableau ?
– j'ai procédé par éliminations ?

LES JEUNES ET LES MÉDIAS : ICI ET AILLEURS

cahier **p.54**

1 **C'est comment ailleurs ?**
Pour le savoir :

→ j'observe et je lis les documents ;

→ je fais l'activité dans mon cahier.

1

Les petits Français attachés à leur quotidien français

On croyait les petits Français définitivement basculés dans l'ère du tout-numérique, accros aux ordinateurs, consoles et autres iPod. Pourtant, à l'heure où la diffusion de la presse papier semble s'effriter inexorablement, trois journaux pour enfants font démentir la tendance. *Le Petit Quotidien* (pour les 7-10 ans), *Mon Quotidien* (10-14 ans) et *L'Actu* (14-17 ans) tirent respectivement à 75 000, 60 000 et 30 000 exemplaires. Édités par Play Bac et vendus par correspondance uniquement, sans déclinaison sur Internet, ils constituent ce que le *New York Times* appelle « une anomalie dans le paysage journalistique français ». « Ces quotidiens, qui paraissent tous les jours sauf le dimanche, proposent un mélange plein de vie et coloré d'informations, de photos, de dessins et de quiz », constate le quotidien américain. Leur impact reste toutefois limité : leur chiffre de diffusion baisse quand augmente l'âge de leurs lecteurs et, selon une enquête de 2008, les ados de 15 à 24 ans ne sont que 6 % à déclarer lire le journal tous les jours ou presque.

Courrier international, 28 juillet 2010.
http://www.courrierinternational.com/breve/2010/07/28

2

Le temps consacré aux médias par les jeunes Européens de 15 à 24 ans

les magazines — 8 %

la presse écrite — 10 %

l'Internet — 24 %

la radio — 27 %

la télévision — 31 %

Étude réalisée par Millward Brown.

③ Loisirs effectués régulièrement sur le net par les jeunes Européens

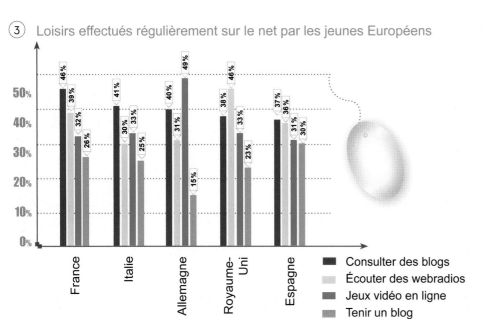

Consulter des blogs
Écouter des webradios
Jeux vidéo en ligne
Tenir un blog

Messagerie instantanée
Téléphonie sur IP
Forum
Commentaire sur un blog

④ Principales utilisations du web par les jeunes internautes européens

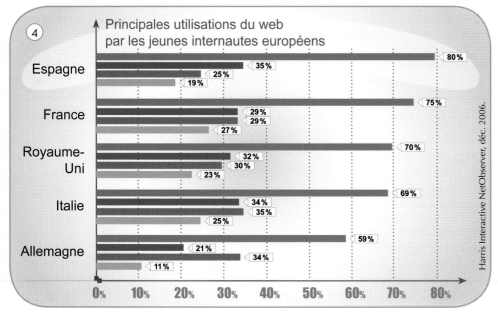

Harris Interactive NetObserver, déc. 2006.

2 Les mots pour le dire

Pour travailler le vocabulaire des médias, je prends mon cahier.

LES JEUNES ET INTERNET

3 Pour comparer l'utilisation d'Internet en Europe et dans ma classe :

→ j'observe et je lis bien les documents ;

→ je prépare des questions pour faire une enquête ;

→ j'interroge un camarade de classe ;

→ je mets tous les résultats en commun.

GRAMMAIRE / COMMUNICATION

Pour…	→ Exemple	→ Structure
exprimer la cause	*C'est un mystère **car** la porte est fermée.* *La route est fermée **à cause** de la neige.* ***Comme** tu es là, tu peux m'aider ?* ***Puisque** tu es là, tu peux m'aider ?* ***Grâce à** leur courage, les enfants sont sauvés.*	– **car** – **à cause de** + nom/pronom – **comme** + indicatif – **puisque** + indicatif – **grâce à** + nom/pronom
exprimer la conséquence	*Guillaume est malheureux, **donc** il décide de partir.* *Guillaume est malheureux, **alors** il décide de partir.* *Guillaume est malheureux, **c'est pour ça qu'**il décide de partir.* *Guillaume est malheureux, **du coup** il décide de partir.*	– **donc** – **alors** – **c'est pour ça que** + indicatif – **du coup**
décrire une situation	*Le voleur **était** grand. Il **portait** un manteau marron.*	l'imparfait
relater des faits	*Un auteur de romans policiers aide Vincent.* → *Vincent **est aidé par** un auteur de romans policiers.* *L'assassin a envoyé un message étrange.* → *Un message étrange **a été envoyé par** l'assassin.*	**Le passif :** sujet + verbe **être** + participe passé + **par** + nom
résumer une information	*Témoignages des passagers de l'avion* *Détournement d'avion* *Découverte d'un squelette de dinosaure* *Interpellation des suspects* *Surveillance de la banque*	**La nominalisation :** – radical du verbe + **-age** (masculin) – radical du verbe + **-ement** (masculin) – radical du verbe + **-erte** – radical du verbe + **-ation** (féminin) – radical du verbe + **-ance**

LEXIQUE

Des mots pour…	
parler d'**une histoire policière**	un mystère, une énigme résoudre une énigme un mystère, une histoire étrange un roman policier, un polar
parler d'**une enquête**	enquêter, mener l'enquête, rechercher, trouver des indices un détective, un inspecteur, la police, les policiers la victime, le/la coupable, l'assassin, le tueur un suspect, suspecter un vol, un(e) voleur/voleuse, voler un témoignage, accuser, une preuve être en danger une fuite, une poursuite, une disparition, disparaître, s'évader
parler **des médias**	la presse écrite, la radio, la télévision, Internet, le web un blog, un forum un(e) internaute communiquer, télécharger un service en ligne
parler d'**un journal**	un journal, des journaux ; un/des magazine(s), un(e) journaliste une information un quotidien, un hebdomadaire, un mensuel un article, une rubrique, un encadré, un portrait, une interview, un chapeau

→ CRÉER LE JOURNAL DE LA CLASSE

 Pour créer le journal de la classe :

→ vous décidez du contenu de votre journal (nombre d'articles par rubrique et titre des rubriques) ;

→ vous vous répartissez les articles à écrire ;

→ vous rédigez les articles de 10 lignes chacun ;

→ vous cherchez des photos pour illustrer vos articles ;

→ vous regroupez les productions.

N'oubliez pas de donner un titre à votre journal !

la rubrique

le nom du journal

la date

le chapeau

le gros titre

une interview

un portrait

des photos

un encadré

la signature du journaliste

Singes & Cocotiers

20	21	22	23	Arrivée
19	18	17	16	15
10	11	12	13	14
9	8	7	6	5
Départ 1	2	3	4	

1. Cite 3 rubriques d'un journal.
2. Qu'est-ce qu'un mensuel ?
3. Cite le nom d'un journal français.
4. Cite 3 types de médias.
5. Transforme la phrase en titre de journal : « Les enquêteurs ont découvert un indice sur les lieux du crime. »
6. Quels noms peux-tu former à partir des verbes : témoigner, surveiller, découvrir ?
7. Transforme la phrase à la voie passive : « Le détective a arrêté le coupable. »
8. Chasse l'intrus : donc – alors – comme – du coup.
9. Fais un titre de journal : « La bijouterie du centre-ville a été cambriolée. »
10. Chasse l'intrus : c'est pour ça que – car – puisque – grâce à.
11. Cite le nom d'un roman policier français.
12. Le détective en a besoin pour résoudre l'énigme. Remets les lettres dans l'ordre : DICESIN.
13. Trouve un verbe à partir du nom arrestation.
14. Passe ton tour !
15. Cite 3 activités que l'on peut faire avec un ordinateur.
16. Trouve 3 mots avec le son [v].
17. Chasse l'intrus : détective – enquêteur – suspect.
18. Qu'est-ce qu'un chapeau dans un journal ?
19. Qu'est-ce qu'un loisir ?
20. Passe ton tour !
21. Trouve 3 mots avec le son [f].
22. Qu'est-ce qu'une 4ᵉ de couverture ?
23. Qu'est-ce qu'un quotidien ?

UNITÉ 4

VOTRE MISSION

→ ORGANISER UNE JOURNÉE POUR LA DÉFENSE DES DROITS DES ADOLESCENTS

16

cahier **p.57**

TOUS ÉGAUX

POUR QUE LA JEUNESSE FASSE ENTENDRE SA VOIX.

HAINE AVOIR DIRE NON

1ER DÉFI
JE RÉDIGE LA CHARTE DES DROITS
ET DES DEVOIRS DES ADOLESCENTS

2E DÉFI
JE FAIS UNE CAMPAGNE DE PRÉVENTION

3E DÉFI
JE DÉCOUVRE LA FRANCE MULTICULTURELLE

CAHIER D'EXERCICES   CAHIER D'EXERCICES

JE COMPRENDS

cahier **p.58**

1 Pour répondre aux questions, j'observe les documents.

1. Qu'est-ce que c'est ?
2. À qui s'adresse ce document ?
3. De quoi est-il question ?

1. Où se passe la scène ?
2. Qui sont les personnages ?
3. Qu'est-ce qu'ils font ?

2 Et maintenant, je prends mon cahier.

JE DÉCOUVRE LA LANGUE
cahier **p.59**

Monsieur, il faut créer un club Unicef !

3 **Que fait le personnage qui parle ?**
- Il exprime un devoir.
- Il exprime une possibilité.
- Il exprime un droit.

4 **Quelle structure il utilise ?**
- **il faut** + infinitif
- **pouvoir** + infinitif
- **(avoir) le droit de** + infinitif

JE M'ENTRAÎNE
cahier **p.61**

5 **Pour mémoriser les droits des enfants :**

→ j'observe bien l'affiche (document 1) pendant 3 minutes ;

→ je fais la liste des droits mémorisés ;

→ je mets en commun avec 2 camarades ;

→ je compare ma liste avec l'affiche ;

→ je marque un point par droit bien formulé.

Phonétique

Pour produire des mots :

→ je lance les dés pour avoir des consonnes ;

→ mon voisin lance les dés pour avoir une voyelle ;

→ on forme une syllabe ;

→ chacun propose un mot avec cette syllabe.

⚀	CR	⚀	[e]
⚁	TR	⚁	[a]
⚂	BR	⚂	[i]
⚃	CL	⚃	[o]
⚄	PL	⚄	[u]
⚅	BL	⚅	[ø]

→ *CL* + [a] : *classe/claque*

JE PASSE À L'ACTION

6 **Pour faire la Charte des droits et des devoirs des adolescents :**

→ on choisit la forme du document (une affiche, un prospectus, une page internet...) ;

→ on précise le nombre d'articles ;

→ je choisis 3 thématiques ;

→ je rédige 3 articles de la charte ;

→ on regroupe les différentes productions.

Pour toi

Pour faire l'activité, est-ce que :
- je fais la distinction entre un droit et un devoir ?
- je peux formuler un droit et un devoir ?
- je peux donner un exemple et le comparer avec celui de mon voisin ?

JE COMPRENDS

cahier **p.65**

1 **Pour répondre aux questions, j'observe les documents.**

---

newsACTU ①

○ sport ● santé ○ actualité ○ politique

Pour être en forme pour les examens

 Veillez à mettre toutes les chances de votre côté ! Pour les examens, il est recommandé d'avoir une alimentation équilibrée et de faire le plein de vitamines et de minéraux.

» **Le petit déjeuner, ne le sautez pas !**
Pour prendre un bon départ, il faut d'abord prendre un petit déjeuner complet. Attention, il ne faut surtout pas que vous sautiez ce repas ! Cela diminue la concentration en fin de matinée. Au contraire, il est recommandé de faire un bon petit déjeuner : boissons chaudes, tartines ou céréales. Veillez aussi à consommer un fruit riche en vitamines C, et un produit laitier, source de vitamines B. Voici des exemples de petit déjeuner :

» un bol de müesli avec du lait + une orange ou un fruit de saison ;

» un thé au lait ou un chocolat chaud + des tartines de pain avec du beurre et de la confiture + un grand verre de jus de fruits + un yaourt.

» **Le déjeuner et le dîner, ne les oubliez pas !**
Faites attention aux repas trop lourds qui provoquent des problèmes de digestion et de sommeil. Il faut que vous mangiez de tout sans excès et que vous limitiez les aliments et les sauces grasses (la charcuterie, les fritures, la mayonnaise…).

» **Le goûter, ne le ratez pas !**
Attention au coup de fatigue en plein après-midi ! Pour éviter une baisse de la concentration, prenez un encas ! Voici un exemple d'encas :

» une tartine de confiture ou une pomme + un verre de lait.

👁 1. Qu'est-ce que c'est ?
2. À qui s'adresse ce document ?
3. De quoi est-il question ?

 18 🎧 1. Où se passe la scène ?
2. Qu'est-ce qu'il fait ?

2 **Et maintenant, je prends mon cahier.**

JE DÉCOUVRE LA LANGUE
cahier **p.66**

Fais attention à ne pas manger trop gras !

3 **Que fait le personnage qui parle ?**
– Il fait une recommandation.
– Il fait une mise en garde.
– Il exprime une obligation.

4 **Quelle structure il utilise ?**
– **faire attention** à l'impératif + à + (**ne pas**) + infinitif
– **recommander** au présent + de + (**ne pas**) + infinitif
– **il faut que** + subjonctif

JE M'ENTRAÎNE
cahier **p.68**

5 **Pour être en forme pour les examens :**
→ j'écris un aliment sur un papier ;
→ j'interroge mon camarade ;
→ j'écoute la réponse de mon camarade ;
→ on inverse les rôles et on fait circuler les papiers.
→ – Je peux manger des frites/du melon avant les examens ?
– Non, ce n'est pas recommandé !/Oui, c'est recommandé !

JE PASSE À L'ACTION

6 **Pour faire une campagne de prévention :**
→ je choisis un support (une affiche, une brochure, un spot publicitaire…) ;
→ je choisis une cause de prévention (les dangers en rollers, les dangers de la route…) ;
→ je note des idées ;
→ j'organise mes idées ;
→ je rédige un texte de 10 lignes.

19 **Phonétique**
Pour travailler les liaisons obligatoires :
→ j'écoute les phrases ;
→ je prononce les phrases avec les liaisons quand il y a le signe ‿.
→ *J'ai pris un‿abricot au goûter.*
1. Tu veux des‿oranges ?
2. Fais attention aux‿aliments gras !
3. Vous‿avez intérêt à prendre un‿en-cas dans l'après-midi.
4. Le repas du matin est très‿important.
5. Quand‿on a quatorze‿ans, on‿a besoin de vitamines pour être en forme.
6. De temps‿en temps, on peut se faire plaisir avec un petit‿écart, si c'est sans‿excès.

Pour toi
Après l'activité, est-ce que :
– j'ai formulé des obligations, des mises en garde et des recommandations ?
– j'ai accordé les verbes avec leurs sujets ?

JE DÉCOUVRE DES CÉLÉBRITÉS FRANÇAISES

cahier **p.72**

1 **C'est comment ailleurs ? Pour le savoir :**

→ j'observe et je lis les documents ;

→ je fais l'activité dans mon cahier.

1

Abd al Malik est rappeur, slameur et compositeur français d'origine congolaise, né en 1975.

« Savoir d'où l'on vient nous rend lucide et nous donne la force de construire notre destin. »

Evene.fr

2

Anggun est une chanteuse française, d'origine indonésienne, née en 1974.

« Je suis indonésienne d'origine et dans mon sang, mais mon cœur est français. »

L'Internaute

3 **Myriam Soumaré est une jeune athlète française, née à Paris en 1986, de parents d'origine mauritanienne.**

« J'ai chanté *la Marseillaise* de tout cœur, j'étais contente d'être sur le podium, j'étais fière d'être française. »

RTL

4 Message d'Albert Jacquard aux enfants du monde

J'assiste ce soir, médusé, au début de la construction du XXIᵉ siècle. Ce siècle qui vient de commencer. Moi, je peux vous apporter le témoignage d'un être humain du XXᵉ siècle. Il vient de se terminer et il n'a pas été très beau : les guerres, les massacres, les mépris ont fait des milliers, des millions et des millions de morts, que faire maintenant ? Reconstruire le monde. Qui va le faire ? C'est vous, vous avez à construire le monde. Moi, je peux vous donner tout simplement la leçon que je tirerais des horreurs du XXᵉ siècle. Il me semble, c'est une façon de voir, que ces horreurs ont une racine commune : le mépris des autres. Au fond, nous, les humains, en tout cas, au XXᵉ siècle, nous n'avons pas su regarder l'autre comme il doit être regardé. L'autre est une merveille. Tu es une merveille. Tu dois entendre l'autre te dire qu'il est une merveille, que tu es une merveille. C'est le point de départ. Tout être humain, c'est vrai, est une réussite fabuleuse quel qu'il soit, quels que soient ses problèmes. Alors, à vous. À vous de jouer ! Construisez le XXIᵉ siècle. Il dépend de vous qu'il soit magnifique !

Extrait du Grand concert des Droits de l'enfant de Dominique Dimey donné au cirque d'Hiver à Paris, 20-11-2009, www.dominiquedimey.com.

2 Les mots pour le dire

Pour travailler le vocabulaire de l'engagement, je prends mon cahier.

DES CÉLÉBRITÉS ENGAGÉES

3 Pour présenter un personnage célèbre et engagé :

→ j'explique qui il est ;

→ j'explique ce qu'il fait ;

→ je cherche une photo ou une citation de lui ;

→ je rédige une présentation de 10 lignes.

GRAMMAIRE / COMMUNICATION

Pour…	Exemple	Structure
exprimer un droit	***Le droit de** vivre en famille* ***Le droit à** l'égalité* ***Le droit de ne pas** être exploité*	– **(avoir) le droit de** + infinitif – **le droit à** + nom – **le droit de** + **ne pas** + infinitif
exprimer une obligation ou un devoir	***Tu dois** défendre tes droits.* *Vous **avez à** construire le monde.* ***Il faut** manger des fruits.* ***Il faut que** tu manges des fruits.*	– **devoir** + infinitif – **Vous avez à** + infinitif – **il faut** + infinitif – **il faut que** + subjonctif **Le subjonctif des verbes en -ER :** radical du verbe à la 3e personne du pluriel, au présent + **-e**, **-es**, **-e**, **-ions**, **-iez**, **-ent**
exprimer une possibilité	*Tu **peux**/Vous **pouvez** consulter le site de l'Unicef.*	– **pouvoir** + infinitif
faire une mise en garde	***Attention !** Ne saute pas de repas !* ***Attention aux** sauces grasses !* ***Fais attention !** Ne mange pas trop !* ***Fais attention aux** sodas !* ***Veillez à** manger des céréales !*	– **attention !** – **attention à** + nom – **fais attention !** – **faire attention à** + nom – **veiller à** + infinitif
faire une recommandation	*Je te **recommande** de manger des yaourts.* ***Il est recommandé de** manger des yaourts.* *N'oublie pas le goûter : **ne l'oublie pas** !*	– **recommander de** + infinitif – **il est recommandé de** + infinitif – **ne** + **le / l'** + impératif + **pas**

LEXIQUE

Des mots pour…	
parler **des droits des enfants**	la santé, l'éducation, l'égalité, la justice, la loi, le respect la protection, être protégé(e) l'exploitation, être exploité(e) le handicap, être handicapé(e) la violence ; une infraction soigner, être soigné(e) la prévention, faire une campagne de prévention
parler **de l'engagement**	être engagé(e), s'engager témoigner, un témoignage défendre ses droits / un(e) défenseur(e) militer, un militant se mobiliser
parler **de l'alimentation**	un repas équilibré, un encas le petit déjeuner, le déjeuner, le dîner, le goûter une boisson, un produit laitier (du lait, un yaourt, du fromage), un jus de fruits ; des céréales l'énergie, le calcium, les protéines, les vitamines la digestion se réhydrater

→ ORGANISER UNE JOURNÉE POUR LA DÉFENSE DES DROITS DES ADOLESCENTS

 Pour organiser la journée de défense des droits des adolescents dans votre collège :

→ vous faites une liste d'activités possibles pour cette journée (chanson, sketchs…) ;

→ vous sélectionnez des activités pour faire le programme ;

→ vous choisissez le type de documents à faire pour annoncer et détailler le déroulement de la journée (une affiche, des cartes d'invitation, une brochure…) ;

→ chaque groupe choisit un document parmi la liste et le prépare ;

→ vous les distribuez ou les affichez dans votre collège ;

→ pour finir, vous pouvez décrire votre projet pour le présenter au directeur de votre collège (vous pouvez lui présenter la charte des droits et des devoirs des adolescents que vous avez rédigée…).

PROGRAMME

| 10 h | Présentation des activités |
| 11 h | |

LE COLLÈGE PAUL-BERT ORGANISE UNE JOURNÉE POUR LA DÉFENSE DES DROITS DES ADOS, le 10 juin 2010, à partir de 14 heures VENEZ NOMBREUX !

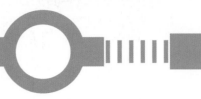

5 Qu'est-ce qu'un « **encas** » ?

6 Fais cette recommandation à un ami : « Il faut prendre un bon petit déjeuner le matin. »

7 STOP

Passe ton tour !

8 Cite 3 droits de l'enfant.

4 Reformule « Vous devez manger équilibré pour être en forme » avec « Il faut que… ».

19 Reformule « le droit d'être protégé » en commençant par « le droit à… ».

20 Qu'est-ce qu'une « **charte** » ?

9 Complète la phrase sans répéter le mot souligné : « Le dîner est important : ne … sautez pas ! »

3 Qui est Abd al Malik ?

18 Qu'est-ce qu'un « **nutritionniste** » ?

ARRIVÉE

10 Qui est Albert Jacquart ?

2 Cite 3 aliments gras.

17 x2

Avance de 2 cases !

JEU DE L'OIE

11 Cite 3 repas de la journée.

1 Que signifie : « Vous avez vos devoirs à faire » ?

16 Reformule « le droit à l'expression » en commençant par « le droit de… ».

12 Vrai ou faux ? La Défenseure des droits des enfants est une institution de l'État.

DÉPART

15 Vrai ou faux ? Myriam Soumaré est une athlète française d'origine mauritanienne.

14 Fais une phrase avec : vous – de – coucher – Je – vous – recommande – tôt.

13 -2

Recule de 2 cases !

UNITÉ 5

VOTRE MISSION

→ ORGANISER UNE RENCONTRE INTERGÉNÉRATIONNELLE

21

cahier p.75

1ER DÉFI
JE CRÉE UN TEST SUR L'AMITIÉ

2E DÉFI
JE PARTICIPE À UNE ÉMISSION DE RADIO

3E DÉFI
JE DÉCOUVRE LES RELATIONS
INTERGÉNÉRATIONNELLES DANS LE MONDE

CAHIER D'EXERCICES   CAHIER D'EXERCICES

JE COMPRENDS

cahier **p.76**

1 **Pour répondre aux questions, j'observe les documents.**

1. Qu'est-ce que c'est ?
2. À quoi sert ce document ?
3. À qui s'adresse ce document ?

Test

Es-tu attentif aux autres ?

1 Un ami n'a pas révisé ses cours, et, en plein contrôle, il te demande les réponses. Que fais-tu ?

- ✖ Tu ne l'écoutes pas et tu restes concentré.
- ⊙ Tu lui donnes quelques réponses.
- ▣ Tu le laisses recopier toutes tes réponses.

2 Tu discutes avec un ami, mais tu n'es pas d'accord avec lui. Comment fais-tu ?

- ▣ Tu l'écoutes expliquer son point de vue et tu lui prouves qu'il a tort.
- ⊙ Tu le laisses s'expliquer sans le contredire.
- ✖ Tu lui dis tout simplement : « Tu n'as vraiment rien compris à la vie ! »

3 Dans ton immeuble, une personne âgée a besoin d'aide pour transporter ses courses. Que fais-tu ?

- ▣ Tu lui dis : « Est-ce que je peux vous aider, Mme Marceau ? »
- ✖ Tu l'ignores complètement.

- ⊙ Tu lui montres que tu es occupé et que tu ne peux malheureusement pas l'aider.

4 Ton ami timide est amoureux de sa voisine. Que fais-tu ?

- ⊙ Tu le pousses à aller lui parler.
- ▣ Tu lui proposes de jouer les messagers.
- ✖ Tu le laisses se débrouiller.

5 Tu as oublié tes clefs, alors tu sonnes chez ton voisin pour appeler tes parents. Que lui demandes-tu ?

- ✖ « Je peux emprunter votre téléphone pour appeler mes parents ? »
- ⊙ « J'ai oublié mes clefs, est-ce que je peux emprunter votre téléphone pour appeler mes parents, s'il vous plaît ? »
- ▣ « Excusez-moi de vous déranger mais j'ai oublié mes clefs. Puis-je emprunter votre téléphone pour appeler mes parents ? »

Ton score

Tu as une majorité de ▣ : Pour toi, le dévouement, c'est sacré ! Les gens qui t'entourent peuvent compter sur toi et ils le savent, tu leur rends service quand ils ont besoin d'aide… Bref, pour eux, tu es vraiment quelqu'un de bien !

Tu as une majorité de ⊙ : Tu peux être attentionné mais souvent, quand on a besoin de toi, tu disparais ! Pour garder de bons rapports avec les gens de ton entourage, il faudra faire quelques efforts, les écouter, les aider, leur donner de ton temps et leur montrer ton intérêt pour eux !

Tu as une majorité de ✖ : Tu es la personne à éviter, ta relation avec les autres est à sens unique, tu es là quand tu as besoin d'eux mais ils ne peuvent rien te demander. Attention, tes amis, tu peux les perdre !

2 **Et maintenant, je prends mon cahier.**

JE DÉCOUVRE LA LANGUE
 cahier **p.77**

Avez-vous besoin d'aide ?

3 **Que fait le personnage qui parle ?**
– Il demande de l'aide.
– Il demande une information.
– Il propose de l'aide.

4 **Quelle structure il utilise ?**
– verbe + sujet + **besoin de** + nom ?
– interrogatif + verbe + sujet ?
– verbe + sujet + pronom + infinitif ?

JE M'ENTRAÎNE
 cahier **p.79**

5 **Pour emprunter quelque chose :**

→ j'écris sur un papier un objet que je veux emprunter à un ami ;

→ je formule ma demande à partir de l'objet écrit ;

→ j'écoute la réponse de mon camarade ;

→ on inverse les rôles et on fait circuler les papiers.

→ *– Peux-tu me prêter ton vélo ?*
– Je te le prête, mais tu fais attention !

Phonétique
🎧 22

Pour reconnaître les sons [j] et [ʒ] :

→ je prépare une fiche [j] et une fiche [ʒ] ;

→ j'écoute les mots ;

→ je lève la fiche [j] quand j'entends le son [j] ;

→ je lève la fiche [ʒ] quand j'entends le son [ʒ].

JE PASSE À L'ACTION

6 **Pour créer un test sur l'amitié :**

→ chaque groupe rédige 3 situations ;

→ je note 3 réactions possibles pour chaque situation ;

→ on regroupe les situations ;

→ on échange les tests.

Pour toi

Après l'activité, est-ce que :
– toutes les situations ont le même thème ?
– j'ai proposé des choix de réponses variés ?
– mon test a fonctionné ?

DÉFI

JE PARTICIPE À UNE ÉMISSION DE RADIO

COMPRENDS

 cahier **p.83**

1 **Pour répondre aux questions, j'observe les documents.**

1. Qu'est-ce que c'est?
2. Qui parle?
3. De quoi?

La Smala, Tapage nocturne, MARCO POLO et ROBBERECHT, éd. Dargaud, 2007.

 23
1. Où se passe la scène?
2. Qu'est-ce qu'ils font?

2 **Et maintenant, je prends mon cahier.**

JE DÉCOUVRE LA LANGUE cahier p.84

Tu préfères jouer aux échecs alors qu'on va à la piscine !

3 Que fait le personnage qui parle ?
– Il exprime le but.
– Il exprime la conséquence.
– Il exprime l'opposition.

4 Quelle structure il utilise ?
– **alors que** + sujet + indicatif
– **alors** + sujet + indicatif
– **afin que** + sujet + subjonctif

JE M'ENTRAÎNE cahier p.86

 5 Pour parler de ma relation avec mes voisins :

→ j'écoute la question de mon camarade ;

→ je lance le dé ;

→ je formule ma réponse ;

→ on inverse les rôles.

→ – *Ça se passe bien avec tes voisins ?*
– *Oui, même s'ils font des travaux tous les dimanches !*

- écouter la radio fort
- jouer de la trompette le soir
- claquer les portes
- faire souvent la fête
- avoir un chien qui aboie
- faire du roller dans le couloir

Phonétique 🎧 24

Pour reconnaître les sons [j] et [l] :

→ je prépare une fiche [j] et une fiche [l] ;

→ j'écoute les mots ;

→ je lève la fiche [j] quand j'entends le son [j] ;

→ je lève la fiche [l] quand j'entends le son [l].

1. des rollers
2. conseiller
3. une fille
4. une ville
5. une merveille
6. belle
7. la famille
8. se débrouiller

JE PASSE À L'ACTION

 6 Pour participer à une émission « Trucs et astuces » pour aider les parents :

→ je rédige 1 conseil de 5 lignes par objectif ;

→ je liste 3 objectifs ;

→ je les justifie et je les nuance.

Pour toi

Avant l'activité, est-ce que :
– je sais formuler un conseil ?
– je peux justifier mes conseils ?
– je sais nuancer ces conseils ?

ICI ET AILLEURS : LES JEUNES ET LES SENIORS

 cahier **p.90**

1 **C'est comment ailleurs ? Pour le savoir :**

→ j'observe et je lis ou j'écoute les documents ;

→ je fais l'activité dans mon cahier.

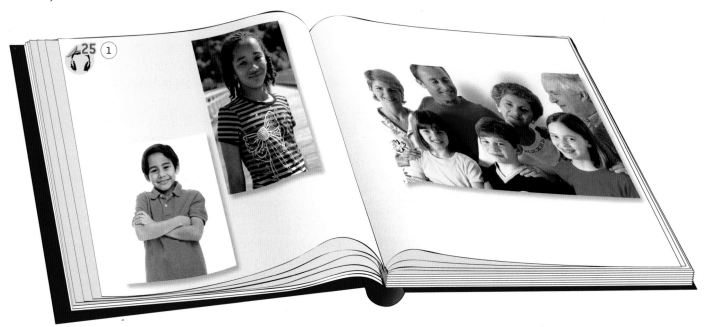

② Quand les jeunes et les seniors choisissent la colocation

La Fondation Viure y Conviure (Vivre et cohabiter), de l'œuvre sociale de la banque Caixa de Catalunya, a mis en place pour la 8ᵉ année consécutive son Programme intergénérationnel de cohabitation pour l'année 2003-2004.

Ce programme incite étudiants et personnes âgées à vivre ensemble et à partager un appartement. Il s'adresse d'un côté aux étudiants de moins de 35 ans sans travail, obligés de quitter leur foyer pour leurs études, et de l'autre aux personnes de plus de 65 ans vivant seules. L'étudiant bénéficie ainsi d'un logement gratuit et la personne âgée reçoit en compensation une aide versée par la Fondation, pour couvrir les frais engendrés par la cohabitation (électricité, eau, gaz…). Une équipe de professionnels, composée de psychologues et de travailleurs sociaux est également prévue pour faciliter cette cohabitation.

Les objectifs de ce programme sont de promouvoir et de faciliter les relations et l'aide mutuelle entre deux générations, d'expérimenter des mesures alternatives pour affronter le problème de la solitude des personnes âgées, et de proposer des solutions de logement aux jeunes étudiants afin de favoriser l'égalité des chances. En 2002, 193 « couples » ont participé à ce programme, et les demandes augmentent régulièrement d'une année sur l'autre. Pour de plus amples renseignements : « Viure y Conviure ».

Floriane SAISON
Paru dans www.senioractu.com

http://www.allo-grandsparents.fr/

Démarrage   Dernières nouvelles

LE SITE DES GRANDS-PARENTS EUROPÉENS

Pourquoi des anciens et des jeunes veulent-ils faire des choses ensemble ?

J'ai besoin de ces contacts pour comprendre ces jeunes et je sais qu'eux aussi nous découvrent autrement : nous ne sommes plus "les vieux", nous sommes des amis et quand on se croise dans la rue, ils me saluent, viennent m'embrasser.

Henri, 67 ans.

Ils nous apprennent des choses, mais nous aussi, et j'aime bien rendre service. L'autre jour, j'ai appris à une mamie du club à se servir de son portable : elle ne savait pas qu'elle pouvait regarder la télé avec son téléphone !

Moussa, 17 ans.

Entendre les jeunes et les anciens discuter entre eux, ça m'intéresse ! Ils m'apprennent beaucoup sur leur façon de faire : quand des jeunes ont des idées, il faut que ce soit fait tout de suite : ce n'est pas pareil pour les plus vieux mais ça marche quand même. Cela me prépare pour mes enfants quand ils seront plus grands.

Christian, 44 ans.

Terminé

2 Les mots pour le dire

Pour travailler le vocabulaire des relations intergénérationnelles, je prends mon cahier.

LES RELATIONS AVEC LES PERSONNES ÂGÉES

3 Pour parler de ma relation avec les personnes du 3ᵉ âge, comme Moussa :

→ je raconte une expérience que j'ai vécue ;

→ je rédige un texte de 10 lignes.

GRAMMAIRE / COMMUNICATION

Pour...	→ Exemple	→ Structure
demander : – une information – de l'aide – proposer de l'aide	*Est-ce que je peux emprunter votre téléphone ?* *Comment est-ce que tu fais ?* *Que fais-tu pour aider ton voisin ?* *Qui as-tu rencontré hier ?* *Avez-vous besoin d'aide ?*	– **est-ce que** + sujet + verbe – **comment / pourquoi / quand** + est-ce que – Avec l'inversion du sujet : pronom interrogatif + verbe + sujet
éviter la répétition du nom	<u>Mon vélo</u>, je te **le** prête si je ne l'utilise pas. <u>Ma planche de skate</u>, je te **la** prête si je ne l'utilise pas. <u>Mes rollers</u>, je te **les** prête si je ne **les** utilise pas. *J'offre un livre à Pierre.* → *Je **lui** offre un livre.* *J'offre un livre à Léa.* → *Je **lui** offre un livre.* *J'offre un livre à Jules et Chloé.* → *Je **leur** offre un livre.*	– Sujet + pronom COD + verbe – Pronom COD : **le, la, l', les** – Sujet + pronom COI + verbe + complément d'objet – Pronom COI : **lui, leur**
exprimer l'opposition – nuancer ses propos	*Il est malade **mais** il va à l'école.* *Paul est timide **alors que** Léa est sûre d'elle.* *Nous faisons des efforts, **pourtant** nous ne comprenons pas Magali.* *Je m'entends bien avec mes voisins, **même si** je ne les vois pas souvent !*	– **mais** + sujet + indicatif – **alors que** + sujet + indicatif – **pourtant** + sujet + indicatif – **même si** + sujet + indicatif
exprimer le but – justifier un conseil	*On a tout essayé **pour comprendre** les ados.* *Je vous appelle **afin de** prendre un rendez-vous.* *On a tout essayé **pour** que nos parents nous **comprennent**.* ***Afin que** la situation s'**améliore**, informe tes parents.*	– **pour / afin de** + infinitif – **pour / afin que** + subjonctif – **avoir** au subjonctif : j'aie, tu aies, il ait… – **être** au subjonctif : je sois, tu sois, il soit…
exprimer un fait futur – faire des projets – promettre	*Cet été, j'**irai** en Espagne.* *Ça **ira** mieux demain.* *À long terme, tu **verras**, tu **seras** gagnante !*	Quelques verbes irréguliers au futur : aller → j'**irai** être → je **serai** voir → je **verrai** pouvoir → je **pourrai**

LEXIQUE

Des mots pour...	
parler de la communication	le dialogue, l'écoute, garder le contact, être accessible communiquer, discuter se disputer, le conflit
parler des relations avec son entourage	l'amitié, l'entraide, le savoir-vivre, être attentif aider, rendre service, avoir besoin d'aide, proposer son aide, obtenir la confiance la cohabitation, la colocation
parler des relations familiales	**les grands-parents :** une personne âgée, une personne du troisième âge, les seniors **les petits-enfants :** un petit-fils, une petite-fille un oncle, une tante, un(e) cousin(e) vivre ensemble, cohabiter, se marier, se pacser

→ ORGANISER UNE RENCONTRE INTERGÉNÉRATIONNELLE

 Pour organiser une rencontre intergénérationnelle au collège :

→ vous faites une liste des besoins des personnes âgées de votre quartier ;

→ vous faites la liste de ce que vous pouvez faire pour les aider et de ce que vous avez envie de leur faire découvrir (en sport, en musique, en informatique…) ;

→ vous identifiez les besoins correspondant à vos envies ;

→ à partir de ces éléments, vous proposez des activités à faire ensemble ;

→ vous rédigez le programme de la rencontre.

Les besoins des personnes âgées :

— échanger et communiquer

— apprendre à se servir d'un portable

— …

ÉVALUATION

Quiz

---

abc **Langue**

Réécris la phrase sans répéter les mots soulignés :

J'écris souvent des cartes postales <u>à mes grands-parents</u>.

Je ... écris souvent des cartes postales.

- lui
- les
- leur

---

abc **Langue**

Reformule la question de 2 façons différentes : « Est-ce que je peux vous aider ? »

Communication

Donne 3 raisons d'aider les personnes âgées de ton quartier.

---

abc **Langue**

Conjugue les verbes « être » et « faire » au futur.

Communication

Donne et justifie 2 conseils pour aider un jeune à améliorer ses relations avec ses voisins âgés.

---

abc **Langue**

Pour exprimer l'opposition, choisis l'expression qui convient :

Je vais me baigner ... l'eau est froide.

- parce que
- même si
- afin que

Culture

Qu'est-ce qu'un « senior » ?

---

abc **Langue**

Choisis la forme verbale qui convient :

Je t'aide à préparer ton exposé pour que tu **as / aies / auras** une bonne note.

Culture

Que propose la fondation Viure y Conviure pour aider les étudiants et les personnes âgées ?

---

abc **Langue**

Quel(s) énoncé(s) exprime(nt) le but ?

- Je te téléphonerai demain pour que tu m'aides à faire l'exercice de maths.

- Je me lève tôt, pourtant je suis toujours en retard.

- Je réveille Thomas afin qu'il soit à l'heure.

Culture

Chasse l'intrus :
colocation –
communication –
cohabitation

Communication

Donne et nuance 2 conseils pour aider des grands-parents à améliorer leurs relations avec leurs petits-enfants.

UNITÉ 6

VOTRE MISSION

→ PARTICIPER À UN CONSEIL MUNICIPAL DES JEUNES

26 cahier p.95

1ᴱᴿ DÉFI
J'ANALYSE LES RÉSULTATS
D'UN SONDAGE D'OPINION

2ᴱ DÉFI
JE RÉDIGE UN SONDAGE
D'OPINION

3ᴱ DÉFI
JE DÉCOUVRE DES PROJETS SOLIDAIRES
DANS LE MONDE

JE COMPRENDS

cahier **p.96**

1 **Pour répondre aux questions, j'observe les documents.**

1

6 — *Citoyenneté* ✳ **ÎledeFrance**
Conseil économique et social régional

*La défense de l'environnement est un thème d'actualité
et les jeunes pourrait s'engager pour ce projet*

De la lutte contre toutes les formes
de discriminations, de la solidarité
nationale/De la solidarité internationale/
Des personnes en situation d'exclusion
57 % } les lycéen(ne)s
les étudiant(e)s,
les jeunes filles

De l'environnement
et du développement durable **45 %**

Du sport **14 %** } les jeunes hommes

D'associations de lutte ou de recherche
contre l'évolution de maladies **14 %** } les jeunes filles

De la culture **13 %** } les étudiant(e)s

De votre quartier ou de votre commune **13 %** } les jeunes hommes

Engagement politique, défense
de valeurs (religieuse, …), { **Autres**
protection des animaux, … **3 %**

Vous ne souhaitez pas vous engager
dans une quelconque activité bénévole **8 %** } les jeunes hommes

49 % des français ont une image négative des jeunes…

*Aujourd'hui, diriez-vous
des jeunes, au travers
de leurs comportements,
de leurs actions dans la société,
que vous en avez une image…*

Très positive	**4**
Plutôt positive	**47**
Plutôt négative	**46**
Très négative	**3**

… et 70 % les jugent individualistes

*Et considérez-vous
aujourd'hui que
les jeunes sont :*

	D'ACCORD	PAS D'ACCORD
Solidaires	49	51
Tolérants	46	59
Individualistes	**70**	30
Prêts à s'engager	48	52

Sondage réalisé par l'institut Audirep en 2010 auprès d'un panel représentatif de 1 000 personnes de 15 ans et plus, sur l'ensemble du territoire français.

1. Qu'est-ce que c'est ?
2. À quoi servent ces documents ?

3

Qui a dit que les jeunes ne pensaient qu'à eux ? Une enquête menée en mai dernier pour la région Île-de-France a montré que plus de la moitié des jeunes de 15 à 18 ans voudrait s'engager pour une bonne cause : la lutte contre les discriminations, la solidarité ou l'aide auprès des personnes en situation d'exclusion sont les principaux thèmes qui les inspirent.

La planète est en danger ? Oui, les grandes industries l'ont polluée et l'ont presque détruite : la sauver ou la rendre plus verte est la préoccupation de presque la moitié d'entre eux (45 %).

Sportifs les jeunes ? Ils ne sont que 14 % à vouloir s'engager dans une association sportive et la plupart sont des garçons. De même, la lutte contre les maladies n'est pas un sujet qui les mobilise : à peine 14 %, et surtout les filles, voudraient participer à des actions liées à la santé.

Et la culture ? Seule une minorité d'entre eux (13 %) s'intéresse aux associations culturelles et locales (bibliothèques, médiathèques, clubs de théâtre…) : ils préfèrent s'ouvrir sur le monde grâce à internet. La politique les a déçus ? Le sort des animaux maltraités ne les a pas émus ? Seule une minorité des jeunes (3 %) souhaiterait se mobiliser pour ces idées. Enfin, reconnaissons-le, les jeunes sont généreux car une grande majorité (92 %) aimerait participer à une activité bénévole.

IDF Mag

1. Qu'est-ce que c'est ?
2. De quoi est-il question ?

2 **Et maintenant, je prends mon cahier.**

JE DÉCOUVRE LA LANGUE cahier p.97

3 Que fait le personnage qui parle ?

– Il exprime un souhait.
– Il évalue une quantité.
– Il fait un commentaire.

4 Quelle structure il utilise ?

– sujet + conditionnel + infinitif
– verbe introducteur + **que** + indicatif
– expression de la quantité + nom + verbe

JE M'ENTRAÎNE cahier p.99

5 Pour dire mon engagement :

→ je lance les dés ;

→ je réponds à la question de mon camarade.

→ – *Tu voudrais t'engager pour une bonne cause, toi ?*
→ – *Ah oui, j'aimerais défendre les droits des animaux.*

⚀	aimer	⚀	aider les personnes âgées
⚁	vouloir	⚁	faire du bénévolat
⚂	souhaiter	⚂	combattre les inégalités
⚃	adorer	⚃	lutter contre le racisme
⚄	désirer	⚄	défendre les droits des enfants
⚅	*au choix*	⚅	militer pour la protection des baleines

Phonétique

Pour m'entraîner à faire la liaison avec la lettre x :

→ je lis et j'écoute les chiffres ;

→ je lève la main quand la lettre **x** est prononcée [z] ;

→ je ne lève pas la main quand la lettre **x** n'est pas prononcée.

1. dix idées
2. deux bénévoles
3. vingt-six associations
4. trente-deux sondages
5. soixante-dix ordinateurs
6. cent six électeurs

JE PASSE À L'ACTION

6 Pour commenter le sondage n° 2 :

→ j'observe la population interrogée ;

→ j'observe les réponses données ;

→ je relève les pourcentages marquants ;

→ je rédige un commentaire en 10 lignes.

Pour toi

Avant de faire l'activité :
– quel est le sujet du sondage ?
– qui est interrogé ?
– au sujet de qui les personnes sont-elles interrogées ?

JE COMPRENDS

cahier **p.103**

1 Pour répondre aux questions, j'observe les documents.

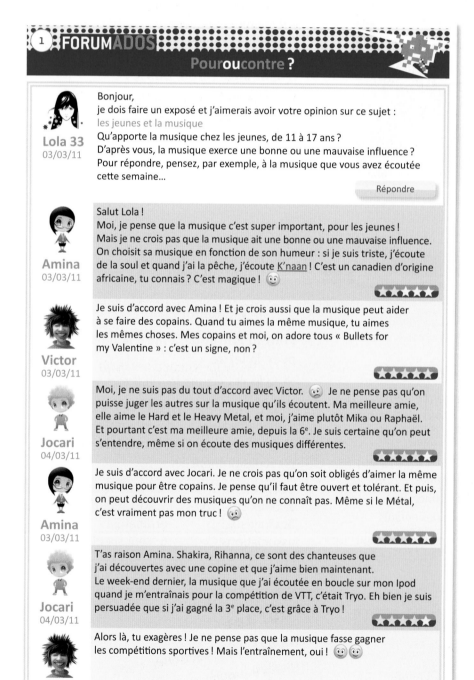

1 FORUM ADOS

Pour ou contre ?

Lola 33
03/03/11

Bonjour,
je dois faire un exposé et j'aimerais avoir votre opinion sur ce sujet :
les jeunes et la musique
Qu'apporte la musique chez les jeunes, de 11 à 17 ans ?
D'après vous, la musique exerce une bonne ou une mauvaise influence ?
Pour répondre, pensez, par exemple, à la musique que vous avez écoutée
cette semaine…

Répondre

Amina
03/03/11

Salut Lola !
Moi, je pense que la musique c'est super important, pour les jeunes !
Mais je ne crois pas que la musique ait une bonne ou une mauvaise influence.
On choisit sa musique en fonction de son humeur : si je suis triste, j'écoute
de la soul et quand j'ai la pêche, j'écoute K'naan ! C'est un canadien d'origine
africaine, tu connais ? C'est magique ! 😊

★★★★★

Victor
03/03/11

Je suis d'accord avec Amina ! Et je crois aussi que la musique peut aider
à se faire des copains. Quand tu aimes la même musique, tu aimes
les mêmes choses. Mes copains et moi, on adore tous « Bullets for
my Valentine » : c'est un signe, non ?

★★★★★

Jocari
04/03/11

Moi, je ne suis pas du tout d'accord avec Victor. 😟 Je ne pense pas qu'on
puisse juger les autres sur la musique qu'ils écoutent. Ma meilleure amie,
elle aime le Hard et le Heavy Metal, et moi, j'aime plutôt Mika ou Raphaël.
Et pourtant c'est ma meilleure amie, depuis la 6ᵉ. Je suis certaine qu'on peut
s'entendre, même si on écoute des musiques différentes.

★★★★★

Amina
03/03/11

Je suis d'accord avec Jocari. Je ne crois pas qu'on soit obligés d'aimer la même
musique pour être copains. Je pense qu'il faut être ouvert et tolérant. Et puis,
on peut découvrir des musiques qu'on ne connaît pas. Même si le Métal,
c'est vraiment pas mon truc ! 😦

★★★★★

Jocari
04/03/11

T'as raison Amina. Shakira, Rihanna, ce sont des chanteuses que
j'ai découvertes avec une copine et que j'aime bien maintenant.
Le week-end dernier, la musique que j'ai écoutée en boucle sur mon Ipod
quand je m'entraînais pour la compétition de VTT, c'était Tryo. Eh bien je suis
persuadée que si j'ai gagné la 3ᵉ place, c'est grâce à Tryo !

★★★★★

Victor
04/03/11

Alors là, tu exagères ! Je ne pense pas que la musique fasse gagner
les compétitions sportives ! Mais l'entraînement, oui ! 😊😊

★★★★★

1. Qu'est-ce que c'est ?
2. Quel est le sujet
du document ?

28
1. Où a lieu la scène ?
2. Que font-ils ?

2 Et maintenant, je prends mon cahier.

JE DÉCOUVRE LA LANGUE

 cahier **p.104**

Je ne crois pas qu'ils t'écoutent.

3 **Que fait le personnage qui parle ?**
– Il exprime son opinion.
– Il exprime un doute.
– Il met en évidence un fait.

4 **Quelle structure il utilise ?**
– **ne pas croire que** + subjonctif
– Nom + **que** + sujet + verbe
– **croire** + **que** + indicatif

JE M'ENTRAÎNE

 cahier **p.106**

5 **Pour faire un cadavre exquis :**

→ j'écris un nom + « *que* » ;

→ mon voisin ajoute un sujet et un verbe
au passé composé ;

→ j'accorde le participe passé avec le sujet ;

→ j'ajoute et j'accorde le verbe « *être* » avec le sujet ;

→ mon voisin ajoute un adjectif et l'accorde ;

→ on déplie la feuille et on découvre la phrase.

→ – *Les ordinateurs que/j'ai mangé/s/sont/timides.*
Les ordinateurs que j'ai mangés sont timides.

Phonétique

🎧 29

**Pour m'entraîner à faire la liaison
avec la lettre h :**

→ j'écoute les mots ;

→ je lève la main quand j'entends la liaison.

1. des habitantes
2. des héros
3. des histoires
4. des hôpitaux
5. des heures
6. des handicaps
7. des hasards
8. des humoristes

JE PASSE À L'ACTION

6 **Pour préparer un sondage :**

→ je choisis un thème ;

→ je prépare 4 ou 5 questions ;

→ je prépare 2 colonnes pour les réponses
possibles (D'accord/Pas d'accord) ;

→ je fais circuler mon questionnaire ;

→ je lis les questions de mes camarades ;

→ je réponds à leur sondage.

Pour toi

Pendant l'activité, est-ce que :
– toutes les questions ont le même thème ?
– je peux répondre aux questions avec
« d'accord » ou « pas d'accord » ?

ICI ET AILLEURS : LES JEUNES SONT SOLIDAIRES

cahier **p.110**

1 C'est comment ailleurs ? Pour le savoir :

→ j'observe et je lis les documents ;

→ je fais l'activité dans mon cahier.

①
Agir ! Il n'y a pas d'âge pour l'engagement **est un guide pour l'action bénévole et l'engagement associatif des enfants.**

« Dès 11 ans, en famille ou tout seul, dans ton quartier ou ton collège, les possibilités d'action sont multiples : en matière d'environnement, sauvegarde de la planète et des animaux, de solidarité nationale ou internationale, voire de politique locale. »

Ce guide fourmille d'exemples et d'adresses pour s'engager bénévolement quand on est mineur. Quelques exemples parmi d'autres :

De 11 à 16 ans, les Tréteaux Blancs ouvrent leur troupe de théâtre à des adolescents pour jouer devant des enfants hospitalisés.

À partir de 11 ans, 14 ans, 15 ans, selon l'association, il est possible de participer à la réalisation d'un projet du type : aménager un sentier dans un parc naturel, retaper un vieux château, restaurer un four à pain ou une chapelle (associations Études et Chantiers, Jeunesse et reconstruction, etc.).

À 14 ans, un enfant peut rejoindre les Petits Frères des Pauvres pour des vacances solidaires avec des personnes âgées.

À 15 ans, un adolescent peut devenir Jeune Ambassadeur (JA) avec l'Unicef France, dès le collège, il est possible de rejoindre les clubs Unicef Jeunes et les clubs Unesco.

Agir ! Il n'y a pas d'âge pour l'engagement,
Marie Taillan, Lucie Albon, Milan Jeunesse, Toulouse, 2009.
http://associationdemineurs.blog.lemonde.fr/category/etudes/

‹‹ La communauté doit fournir une éducation à chaque enfant. ››

Supawat, 16 ans

Tous les dimanches matins, Supawat, surnommé FM, enseigne la lecture et l'écriture, les activités artistiques et artisanales et la musique à une classe d'enfants de 5 à 12 ans, dans la province thaïlandaise de Yasothon. Mais ce qui est important par-dessus tout, dit-il, c'est que les enfants de ces cours du dimanche apprennent à quel point il est important de recevoir une éducation.

FM pense que c'est le devoir de la communauté que de fournir une éducation à chaque enfant, surtout lorsque la famille ne peut pas se le permettre financièrement.

http://www.unicef.org

‹‹ Il faut trouver une solution plus permanente aux problèmes posés par les bidonvilles. ››

Stuti, 17 ans

Il y a un an, Stuti, 17 ans, a fondé Windz of Change, un site Internet international consacré aux problèmes mondiaux, créé par les jeunes et pour les jeunes. Elle a décidé de se servir de ce site pour collecter des fonds pour les enfants vivant dans les bidonvilles de Mumbai en Inde.

http://www.unicef.org

2 Les mots pour le dire

Pour travailler le vocabulaire de la solidarité, je prends mon cahier.

DES PROJETS SOLIDAIRES

3 Pour présenter mon projet d'action solidaire :

→ je choisis une action solidaire ;

→ je dis qui je veux aider ;

→ je dis comment je vais le faire ;

→ je dis avec qui je vais organiser cette action ;

→ je rédige une présentation de mon action en 10 lignes.

GRAMMAIRE / COMMUNICATION

Pour...	→ Exemple	→ Structure
exprimer un souhait	*Je **voudrais faire** un sondage.* *Je **souhaiterais aider** les sans-abris.* *J'**aimerais participer** à l'enquête.*	verbes au conditionnel + infinitif
exprimer une opinion	*Je **trouve qu'**on **peut** avoir de bonnes idées.* *Je **pense que** les jeunes **méritent** d'être écoutés.* *Je **suis sûr qu'**on **peut** participer à un conseil municipal.*	– **croire**, **penser**, **trouver** + que + indicatif – **être sûr(e)/persuadé(e)** + que + indicatif
exprimer un doute	*Je **ne crois pas que** ce **soit** une solution !* *Je **ne pense pas qu'**il **ait** raison.*	– **ne pas croire/ne pas penser** + que + subjonctif Faire : je fasse Pouvoir : je puisse Comprendre : je comprenne
faire un commentaire	*L'enquête **dit que** les jeunes **sont** généreux.* *Le sondage **montre que** les jeunes **sont** solidaires.*	**dire**, **affirmer**, **montrer**, **croire** + que + indicatif
évaluer une quantité	*La plupart des adolescents **sont** engagés.* *La plupart **sont** engagés.* *La majorité des personnes interrogées **a** entre 13 et 17 ans.*	– **la plupart** (+ **de/d'** + nom) + verbe au pluriel – **la majorité** (+ **de/d'** + nom) + verbe au singulier
mettre en évidence un fait	La planète, *les grandes industries **l'ont polluée** et presque **détruite**.* Les messages *qu'on a **reçus** viennent du monde entier.*	– Nom + sujet + pronom + verbe – COD + **que** + sujet + verbe Avec *avoir*, le participe passé s'accorde en genre et en nombre avec le COD quand le COD est placé avant le verbe. Le COD peut être : – un pronom personnel (**l'**, **les**) ; – le pronom relatif **que/qu'**.

LEXIQUE

Des mots pour...	
commenter un **sondage**	un résultat, des chiffres, un pourcentage la plupart, la majorité, une minorité analyser, commenter
parler de la **solidarité**	s'engager, un engagement, se mobiliser un(e) bénévole, une action bénévole, le bénévolat collecter des fonds une association être solidaire
parler de la **citoyenneté**	un(e) citoyen(ne), un(e) électeur/trice, élire un(e) responsable voter, un vote, un débat, débattre la politique locale, la mairie, la municipalité, une commune un conseil municipal/communal, un conseiller faire des propositions une assemblée, un(e) représentant(e), un(e) élu(e) une commission le suffrage universel

→ PARTICIPER À UN CONSEIL MUNICIPAL DES JEUNES

 Pour participer à un conseil municipal :

→ vous choisissez un thème de débat (l'environnement, la sécurité routière, les activités sportives, la solidarité dans votre ville…) ;

→ chaque groupe fait la liste des éléments à améliorer sur ce thème ;

→ chaque groupe fait des propositions pour trouver des solutions aux problèmes ;

→ vous débattez avec les membres de votre groupe ;

→ vous rédigez les décisions prises en 10 lignes pour expliquer au maire de votre commune votre projet.

Voici des exemples de sujets débattus par le conseil municipal des jeunes d'Andenne :

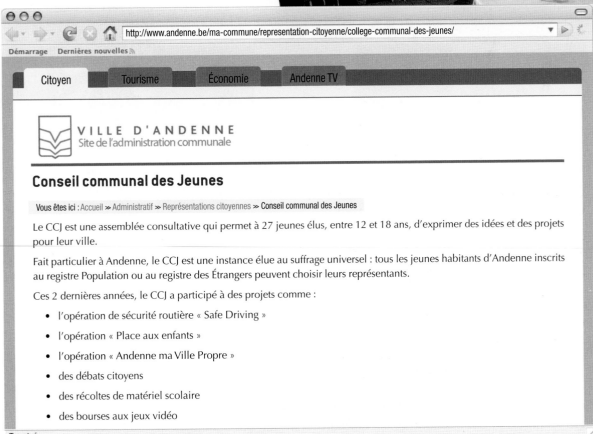

d'après http://www.andenne.be/ma-commune/representation-citoyenne/college-communal-des-jeunes/

ÉVALUATION

Singes & Cocotiers

1. Exprime un souhait : On *(aimer)* avoir un terrain de basket !
2. Qu'est-ce que le bénévolat ?
3. Chasse l'intrus : sondage / association / enquête / questionnaire.
4. Conjugue vouloir au conditionnel.
5. Que signifie collecter des fonds ?
6. Complète : Je ne pense pas que les collégiens *(faire)* assez de sport.
7. Lis à haute voix : trente-six électeurs.
8. « 75 % des jeunes aiment Lady Gaga » signifie : la majorité des jeunes, une minorité ou la totalité ?
9. Transforme : Nous avons fait des propositions. Elles sont nombreuses. Les propositions que …
10. Chasse l'intrus : voter / élire / choisir / représenter.
11. Complète : La plupart des jeunes *(aimer)* le sport.
12. Mets le verbe au passé composé : C'est la chanson qu'il *(écrire)*.
13. Qui vote pour élire le maire d'une ville ?
14. Vrai ou faux ? Les mineurs ont le droit de s'engager bénévolement dans une association.
15. Choisis : Je crois / ne crois pas que ma mère me comprenne.
16. Lis à haute voix : des héroïnes.
17. Cite une action solidaire qu'on peut faire en France à 14 ans.
18. Conjugue avoir au subjonctif.
19. Qu'est-ce que le suffrage universel ?
20. Choisis : Ces livres / bandes dessinées, nous les avons collectées pour le Mali.
21. Cite une action que peut mener un conseil communal de jeunes.
22. Que souhaiteraient faire 92 % des jeunes en Île-de-France ?
23. Complète : … que j'ai choisies sont géniales !

UNITÉ 1 [1ᵉʳ défi]

Document 3, p. 10

Moi, mon papa, par exemple, il m'a éduqué avec des concepts trop flous. Tous les matins avant de sortir à l'école j'entendais juste :

– Eh !

– Quoi ?

– Fais attention !

Qu'est-ce que tu veux que je fasse avec ça moi, toute ma vie ! Je passais ma vie à faire attention ! Je ne savais même pas à quoi je faisais attention. Je te promets, des fois j'étais comme ça à l'école, assis, mes potes ils disaient :

– Mais Gad, viens jouer !

Je disais :

– Non, non, je dois faire attention.

Mon père, des fois, il nous disait :

– Vous voulez qu'on joue à cache-cache ?

Nous, on disait :

– Oui.

Et il disait :

– Allez vous cacher.

Ben nous, on allait se cacher. Et lui, il partait au travail.

Extrait du spectacle de Gad Elmaleh
« L'éducation », *Papa est en haut*, 2007.

Phonétique, p. 11

1. À la rentrée, ma sœur rentre au lycée.

2. En sixième, je n'aimais pas le français.

3. Moi, j'aime bien cette matière scolaire !

4. J'adore les bandes dessinées !

5. Chaque semaine, je lisais un livre en anglais.

6. Samedi soir, je suis allée au cinéma.

[2ᵉ défi]

Document 2, p. 12

LA MÈRE. – Raphaelle, viens, je vais te montrer quelque chose.

LA FILLE. – Qu'est-que tu veux me montrer, maman ?

LA MÈRE. – C'est une boîte à souvenirs que j'ai rangée il y a trente ans… en 1980 : c'était l'année où je suis entrée au collège.

LA FILLE. – Tu l'as ouverte depuis ?

LA MÈRE. – Non, je n'y ai pas touché depuis trente ans, mais heureusement, je me souviens où je l'ai mise ! Tiens, la voilà !

LA FILLE. – Et qu'est-ce qu'elle contient ?

LA MÈRE. – Patience, patience ! J'attends ce moment depuis trente ans. Regarde : des petits mots, des photos et…

LA FILLE. – Oh ! C'est quoi ça ?

LA MÈRE. – Des mèches de cheveux de mes trois copines de l'époque : Lisa, Sophie et Clarence. Je me souviens, c'était le jour où on a fait notre serment d'amitié. C'était un après-midi pendant les vacances de Noël : on regardait la télé. Tout à coup, Lisa a eu une super idée : faire une boîte à souvenirs. D'abord, on a fait un super goûter, ensuite, on a mis de la musique et on a dansé, puis, on a juré de rester amies pour la vie et enfin, on s'est coupé une mèche de cheveux.

LA FILLE. – Oh, c'est génial comme idée ! J'appelle Léa et Chloé…

Phonétique, p. 13

1. Quand j'avais 8 ans, j'allais à l'école.

2. Quand j'avais 8 ans, j'allais à l'école à pied.

3. Quand j'avais 8 ans, j'attendais mes copains à l'arrêt de bus.

4. Quand j'avais 8 ans, j'attendais mes copains à l'arrêt de bus et on allait à l'école ensemble.

5. Quand j'avais 8 ans, je prenais le bus, j'allais à l'école avec mes copains. Le soir, je rentrais à pied.

6. Quand j'avais 8 ans, je prenais le bus, j'allais à l'école avec mes copains. Le soir, je rentrais à pied et j'aimais bien aller jouer au parc.

UNITÉ 2 [1ᵉʳ défi]

Document 1, page 20

LA COIFFEUSE. – Bonjour Pauline !

PAULINE. – Bonjour Madame !

LA COIFFEUSE. – On passe au bac ? Ça va ? Ce n'est pas trop chaud ?

PAULINE. – Non, c'est même un peu trop tiède, vous pouvez mettre un peu plus chaud.

LA COIFFEUSE. – Voilà, tu peux t'installer pour la coupe. Tu veux des magazines pour choisir ta coiffure ?

PAULINE. – Oui, je veux bien.

LA COIFFEUSE. – Alors, jeune fille, on a choisi ?

PAULINE. – Oui, je voudrais cette coupe-là mais un peu plus longue.

LA COIFFEUSE. – Je préfère te prévenir : sur toi, le résultat ne sera pas le même. Ce sera moins volumineux : ta chevelure n'est pas aussi épaisse que la sienne. Le type de cheveux est différent : les tiens sont plutôt fins et lisses mais les siens ondulent légèrement.

PAULINE. – Vous voulez dire qu'avec des cheveux comme les miens, on ne fait pas ce qu'on veut ?

LA COIFFEUSE. – Non, je veux juste dire que l'effet ne sera pas exactement le même mais ce sera joli quand même. On y va ?

Pauline. – Ok, on y va !

Phonétique, p. 21

1. Oh ! Ton chapeau, c'est le plus beau !
2. Oh… c'est encore la mode des robes à fleurs !
3. Oh ! j'ai horreur des chemises à carreaux !
4. Oh… C'est déjà l'heure d'aller à l'école !
5. Oh ! Attention, c'est très chaud !
6. Oh… J'ai taché mes bottes préférées !

[2e défi]

Phonétique, p. 23

1. un short en chanvre
2. une jupe longue
3. des bottes orange
4. une coupe de cheveux asymétrique
5. des lunettes en forme de losange
6. un chapeau de paille

UNITÉ 3 [1er défi]

Document 3, p. 30

ÉMILIE. – Salut Lisa, qu'est-ce que tu lis ?

LISA. – Un roman : *Combat d'hiver*.

ÉMILIE. – C'est bien ?

LISA. – Oui, c'est super ! Si tu veux, je le prête, je viens de le finir…

ÉMILIE. – C'est vraiment bien ?

LISA. – Puisque je te le dis !

PAUL. – C'est un polar ?

LISA. – C'est plutôt un roman d'aventure.

PAUL. – Et ça parle de quoi ?

LISA. – C'est l'histoire de quatre orphelins qui sont enfermés dans un internat. Ils découvrent que leurs parents ont été tués par ceux qui ont pris le pouvoir il y a quinze ans. Du coup, ils décident de s'évader pour reprendre le combat de leurs parents. Mais ils doivent d'abord échapper aux « hommes-chiens » qui ont été lancés à leur poursuite. À cause de tout ça, ils vont être séparés mais grâce à leur courage, ils finiront par se retrouver.

ÉMILIE. – Ok, ok, je te l'emprunte !

Phonétique, p. 31

1. Le voleur est très fort, puisqu'il n'a pas laissé de preuves.
2. J'ai vraiment aimé ce livre, du coup, je te le prête.
3. C'est grâce à l'inspecteur Poirot que les policiers ont terminé l'enquête !
4. C'est important de trouver des indices pour retrouver le tueur.
5. Ce n'est pas le témoin, c'est l'assassin qu'on doit trouver.

[2e défi]

Document 1, p. 32

LA JOURNALISTE. – Détournement d'avion
Il était 8 h 30 ce matin, quand le vol Air France Paris-Mexico a décollé de Paris. Au cours du voyage, une jeune femme qui voyageait sous une fausse identité est entrée dans la cabine de pilotage et a menacé l'équipage. Le pilote a été obligé de survoler l'île de la Martinique : la pirate de l'air a ainsi pu faire une descente en parachute et s'enfuir. La police mène l'enquête.

LA JOURNALISTE. – Réalisation du portrait-robot de la pirate de l'air
Du nouveau dans l'affaire du détournement d'avion qui a eu lieu le 14 août dernier sur le vol Paris-Mexico. Grâce aux témoignages des passagers et de l'équipage, un portrait-robot de la pirate de l'air a été réalisé.

D'après les témoins, la pirate de l'air avait les cheveux blonds et les yeux verts, elle ne portait pas de lunettes et mesurait 1 m 60 environ.

LA JOURNALISTE. – Interpellations et interrogatoires de quatre suspectes

Grâce au portrait-robot, quatre suspectes ont été interpellées. Elles seront interrogées par la police dans les jours qui viennent.

Phonétique, p. 33

1. la télévision ;   2. les fouilles ;   3. s'enfuir ;
4. une interview ;   5. une information ;   6. voyager.

UNITÉ 4 [1er défi]

Document 2, p. 40

L'ANIMATRICE RADIO. – Bonjour à tous ! Bienvenue dans « Yaka, Taka ! ». Notre émission d'aujourd'hui est consacrée à la Défenseure des droits des enfants. Pour en parler, nous recevons une enseignante militante : Sylvie Garnier.

Bonjour Sylvie ! Alors, c'est quoi la Défenseure des droits des enfants ?

SYLVIE GARNIER. – C'est une institution de l'État. Elle doit veiller au respect de la convention des droits de l'enfant. Elle a trois missions : elle doit recevoir les plaintes, faire des propositions de loi et faire connaître les droits de l'enfant.

L'ANIMATRICE RADIO. – Et nos auditeurs, qu'est-ce qu'ils peuvent faire pour défendre leurs droits ?

SYLVIE GARNIER. – Pour défendre vos droits, chers auditeurs, vous avez juste à vous inscrire dans le club Unicef jeunes de votre collège. Et s'il n'y en a pas, vous pouvez proposer à un professeur de contacter le comité Unicef de votre département pour en créer un.

L'ANIMATRICE RADIO. – Et voilà, c'est simple « Il faut juste créer un club » ! Et si tu veux en savoir plus, tu peux consulter le site de l'Unicef : www.unicef.fr.
« Yaka, Taka » se termine, à très bientôt pour une prochaine émission !

[2e défi]

Document 2, p. 42

L'ANIMATEUR RADIO. – On continue avec une question de Ludo : « Comment être en forme pour les examens ? »

Eh bien, cher Ludo pour être en forme pour les examens, je te recommande de bien dormir et de manger équilibré.

Pour commencer la journée, prends un bon petit déjeuner avec une boisson pour te réhydrater, du pain beurré ou des céréales pour l'énergie, un produit laitier (du lait, un yaourt ou du fromage) pour le calcium et les protéines, un fruit entier ou un jus pour les vitamines. Le petit déjeuner, c'est un repas très important pour rester en forme toute la journée, ne le saute pas !

Pour le déjeuner et le dîner, il ne faut pas que tu manges n'importe quoi, fais attention à varier ton alimentation ! Les nutritionnistes recommandent de prendre 3 vrais repas par jour. Mais attention, ne les prends pas trop rapidement !

UNITÉ 5 [1er défi]

Phonétique, p. 51

1. l'amitié ;   2. essayer ;   3. âgé ;   4. les yeux ;
5. des jeux ;   6. oublier.

[2e défi]

Document 2, p. 52

LA PRÉSENTATRICE. – Radio Ados, la radio qui t'écoute ! On retrouve Mathias et sa rubrique : « Parents/Ados, je communique ! »

MATHIAS. – Salut les jeunes, heureux de vous retrouver pour mon émission pleine d'astuces pour éviter les conflits avec vos parents ! Alors allez-y, j'attends vos appels !

LÉA. – Salut Mathias, moi c'est Léa. Alors chez moi, c'est l'enfer, on communique presque plus avec mes parents et on se dispute tout le temps ! Qu'est-ce que je peux faire pour que la situation s'améliore ?

MATHIAS. – Léa, garde le contact avec tes parents, même si ce n'est pas toujours facile. Montre-leur que tu es accessible ! À long terme, tu verras, tu seras gagnante !

LÉA. – Ok, merci Mathias ! À plus !

JULES. – Salut, c'est Jules, alors moi, je n'ai pas de bons résultats à l'école et je n'ose pas le dire à mes parents, parce qu'après je ne pourrai plus sortir avec mes copains…

MATHIAS. – Jules, mon conseil : afin qu'il n'y ait pas de mauvaises surprises, informe tes parents, même si tes résultats ne sont pas très bons. C'est mieux s'ils l'apprennent par toi que par l'école, tu ne crois pas ?

JULES. – Oui, tu as raison, je leur dirai !

MANON. – Salut, c'est Manon. Moi, mes parents ne me laissent jamais sortir avec mes amis, alors que je fais toujours ce qu'ils me disent, j'obéis tout le temps et ils n'ont pas confiance en moi, c'est pas juste ! Mathias, aide-moi !

MATHIAS. – Ok, afin d'obtenir leur confiance, je te recommande de présenter tes amis à tes parents et de leur montrer la bonne influence que tes amis ont sur toi. Tu verras, ça ira mieux et ils seront plus souples avec tes sorties !

MANON. – Merci Mathias, je t'adore !

[3e défi]

Document 1, p. 54

Bonjour, je m'appelle Albanne et j'ai 14 ans. J'ai une famille nombreuse qui voyage beaucoup. Mes grands-parents ont vécu à Tahiti. Ils ont eu 4 enfants et 5 petits-enfants.
D'abord, il y a la jumelle de ma mère, Marine. Elle est infirmière au Burkina Faso et s'est mariée avec Simplice, un Ivoirien. C'est leur fille, Lisa, qui est sur la photo.
Mon oncle Arnaud, lui, est pacsé avec Valentine. Ils ont un fils, Pablo, c'est mon cousin. Il est né au Mexique. Arnaud s'occupe beaucoup de Pablo et de la maison parce que Valentine voyage souvent pour son travail.
Mon oncle Mickaël, c'est le plus jeune. Il est étudiant en Allemagne et vit en colocation avec des copains. Moi aussi, j'aimerais bien faire mes études à l'étranger !
Et enfin, il y a ma mère, Anouk, qui est institutrice. Avec ma sœur Léa et mon frère Raphaël, on vit en France, à Nancy. Mon père, lui, s'appelle Jocelyn et il est agriculteur.
Et voilà ! Ce n'est pas facile de réunir toute la famille mais quand on se retrouve, on passe de bons moments !

UNITÉ 6 [2e défi]

Document 2, p. 62

LE JOURNALISTE. – Bonjour, je fais un sondage pour le magazine « À vous les jeunes ! ». Vous pouvez répondre à quelques questions s'il vous plaît ?

FILLE 1. – Oui pourquoi pas !

LE JOURNALISTE. – Alors, première question, pensez-vous que les jeunes peuvent faire changer des choses dans la société aujourd'hui ?

FILLE 1. – Bien sûr ! On a plein d'idées, et quand on veut s'exprimer, on le fait !

LE JOURNALISTE. – Justement, croyez-vous que les adultes vous prennent suffisamment au sérieux ?

FILLE 1. – Je pense que les jeunes méritent d'être plus écoutés par les adultes. Souvent, ils nous disent qu'on ne peut pas comprendre parce qu'on est trop jeunes. Moi, je trouve que nous aussi on peut avoir de bonnes idées même si on n'a pas beaucoup d'expérience, et je ne pense pas que mes parents le comprennent.

FILLE 2. – Je suis d'accord avec toi. C'est pas juste !

LE JOURNALISTE. – Que souhaitez-vous changer ?

FILLE 1. – Moi, je voudrais m'engager pour l'environnement ! Je ne crois pas qu'on puisse continuer à polluer la planète comme ça ! Il faut que tous les jeunes soient conscients des questions d'environnement, parce que les adultes de demain, c'est nous !

LE JOURNALISTE. – Et enfin, une dernière question. À votre avis, que peuvent faire les jeunes pour faire bouger la société ?

FILLE 1. – S'engager ensemble ! Moi, je suis délégué de classe : avec les autres délégués, on a réussi à avoir des garages à vélos couverts et les repas bio qu'on a demandés seront à la cantine à partir du mois prochain.
On a aussi créé un blog pour partager nos idées. C'est fou les messages qu'on a reçus : de toute la France, et même de Dakar et de Montréal !

FILLE 2. – Je crois que les jeunes peuvent faire beaucoup pour la société. Cet été, j'ai fait un chantier où certains des jeunes que j'ai rencontrés sont très impliqués dans leur ville. Ils ont entre 12 et 17 ans et ils sont élus conseillers ados. Les propositions qu'ils ont faites comme une piste de skate ou la fête des jeux ont été entendues. C'est génial !

LE JOURNALISTE. – Bien, je vous remercie pour votre participation.

Phonétique, p. 63

1. des habitantes ;   2. des héros ;   3. des histoires ;
4. des hôpitaux ;   5. des heures ;   6. des handicaps ;
7. des hasards ;   8. des humoristes.

Autour du nom

1. Les possessifs

a. Les adjectifs possessifs

On accorde les adjectifs possessifs en genre et en nombre avec le nom qui suit, c'est-à-dire avec l'objet possédé. On les accorde aussi en fonction des possesseurs.

	Une chose possédée		Plusieurs choses possédées	
Un seul possesseur	masculin	féminin	masculin	féminin
Je	→ *Mon* sac	→ *Ma* ville/*Mon* amie	→ *Mes* amis	→ *Mes* amies
Tu	→ *Ton* sac	→ *Ta* ville/*Ton* amie	→ *Tes* amis	→ *Tes* amies
Il/Elle	→ *Son* sac	→ *Sa* ville/*Son* amie	→ *Ses* amis	→ *Ses* amies
Plusieurs possesseurs	masculin	féminin	masculin	féminin
Je	→ *Notre* collège	→ *Notre* classe	→ *Nos* professeurs	→ *Nos* affaires
Tu	→ *Votre* collège	→ *Votre* classe	→ *Vos* professeurs	→ *Vos* affaires
Il/Elle	→ *Leur* collège	→ *Leur* classe	→ *Leurs* professeurs	→ *Leurs* affaires

b. Les pronoms possessifs

Les pronoms possessifs remplacent le groupe « adjectif possessif + nom ».
Ils servent à éviter les répétitions.

	Singulier		Pluriel	
	masculin	féminin	masculin	féminin
Je	le mien	la mienne	les miens	les miennes
Tu	le tien	la tienne	les tiens	les tiennes
Il/Elle	le sien	la sienne	les siens	les siennes

→ *C'est <u>mon cahier</u>. C'est **le mien**.*   → *Ce sont <u>mes cahiers</u>. Ce sont **les miens**.*
→ *C'est <u>ta trousse</u>. C'est **la tienne**.*   → *Ce sont <u>tes trousses</u>. Ce sont **les tiennes**.*
→ *C'est <u>son stylo</u>. C'est **le sien**.*   → *Ce sont <u>ses stylos</u>. Ce sont **les siens**.*

2. Les pronoms

a. Les pronoms COD : le, la, l', les

Les pronoms remplacent un nom, ou un groupe de mots. Ils permettent d'éviter les répétitions.

→ *Tu as vu <u>le dernier film de Harry Potter</u>?*   → *Oui, je l'ai vu.*

b. Les pronoms COI : lui, leur

Ils remplacent toujours des personnes. Ils sont compléments d'un verbe suivi de la préposition **à**.

→ *C'est l'anniversaire de <u>Claire</u> demain. Qu'est-ce que tu vas **lui** offrir? (offrir à quelqu'un)*

→ *Je ressemble à <u>mes parents</u>. Je **leur** ressemble. (ressembler à quelqu'un)*

c. Les pronoms COD et COI : me (m'), te (t'), nous, vous

→ *Tu m'aides ? (COD)*

→ *Tu me prêtes ton vélo ? (COI)*

d. Le pronom en

En remplace un complément introduit par **de, de la, de l', du**, ou **des**.

→ *Tu veux <u>du pain</u> ?*   → *Oui, j'en veux.*

→ *Tu viens <u>de Chine</u> ?*   → *Oui, j'en viens.*

→ *Tu as <u>des frères</u> ?*   → *Oui, j'en ai deux.*

e. Le pronom y

Y remplace un complément qui commence par **à**.

→ *Tu vas <u>à Nantes</u> ?*   → *Oui, j'y vais.*

→ *Tu penses <u>à ce projet</u> ?*   → *Oui j'y pense.*

> ⚠️ Le pronom complément est toujours placé avant le verbe,
> sauf à l'impératif affirmatif.
>
> → *Je fais <u>mes exercices</u>.*   → *Je fais <u>des exercices</u>.*   → *Vous allez <u>au collège</u>.*
>   → *Je **les** fais.*   → *J'**en** fais.*   → *Vous **y** allez.*
>   → *Fais-**les**.*   → *Fais-**en**.*   → *Allez-**y**.*

f. Les pronoms relatifs

• Qui

Le pronom relatif **qui** remplace un être ou un objet et il est sujet.

→ *Voici <u>ma cousine</u> ! **Elle** vit au Canada.*
  *Voici <u>ma cousine</u> **qui** vit au Canada.*

• Que

Le pronom relatif **que** remplace un être ou un objet et il est complément d'objet direct (COD).

→ *Je lis <u>une bande dessinée</u>. Cette **bande dessinée** est géniale !*
  *<u>La bande dessinée</u> **que** je lis est géniale !*

> ⚠️ Devant une voyelle, **que** devient **qu'**.
> → *La BD **qu'**Alex lit est géniale !*

• Où

Le pronom relatif **où** remplace un complément de lieu et il est complément de lieu.

→ *J'ai grandi dans <u>une ville</u>. Cette **ville** s'appelle Aurillac.*
  *<u>La ville</u> **où** j'ai grandi s'appelle Aurillac.*

Le pronom relatif **où** remplace une indication de temps et est aussi un complément de temps.

→ *<u>Le 3 septembre</u>, c'est **le jour où** je suis entré au collège.*

3. La nominalisation

C'est une opération qui permet de former un nom à partir d'un verbe.

→ *Les enquêteurs <u>ont découvert</u> des nouveaux indices.*
  → ***Découverte** de nouveaux indices.*

Cette formulation est souvent utilisée dans les titres de journaux.

→ ***Interpellation** d'un suspect*

On forme ces noms à partir du <u>radical</u> du verbe :
— passer : <u>pass</u> + **age**   → un **passage** (toujours masculin)
— renverser : <u>renvers</u> + **ement**   → un **renversement** (toujours masculin)
— découvrir : <u>découv</u> + **erte**   → une **découverte**
— installer : <u>install</u> + **ation**   → une **installation** (toujours féminin)
— espérer : <u>espér</u> + **ance**   → l'**espérance**

Autour du verbe

1. L'impératif

a. Emploi

On l'utilise pour :

• donner un ordre ;

• exprimer une interdiction ;

• donner un conseil ;

• donner une indication.

b. Formation

On forme l'impératif comme le présent mais attention, à la 2e personne du singulier, on supprime le « s » pour les verbes du 1er groupe et certains verbes du 3e groupe comme *ouvrir, offrir…*

L'impératif n'a que 3 personnes (2e personne du singulier et du pluriel et 1re personne du personne pluriel). Il n'a pas de pronom sujet.

→ *Danse*
  Dansons
  Dansez

Pour former l'impératif négatif, on ajoute **ne** devant le verbe et **pas** après le verbe.

→ *Viens !*   → *Ne viens **pas** !*

⚠️ À l'impératif, le pronom complément se place **après** le verbe.
→ *Prends-**en** ! Parle-**lui** ! Crois-**moi** !*

À l'impératif négatif, le pronom complément se place **devant** le verbe.

→ *Ne mange pas <u>ce gâteau</u> ! Ne **le** mange pas !*

2. Le futur simple

a. Emploi

On l'utilise pour parler de projets.

→ *On **visitera** la région, on **goûtera** aux spécialités québécoises, on **s'amusera** bien avec nos correspondants.*

b. Formation

• Pour les verbes en **-ER** et **-IR**, on forme le futur avec :
<u>infinitif</u> du verbe + terminaisons **-ai**, **-as**, **-a**, **-ons**, **-ez**, **-ont**.

→ *Je <u>visiterai</u>*

• Pour les verbes en **-RE** :
<u>radical</u> du verbe + terminaisons **-ai**, **-as**, **-a**, **-ons**, **-ez**, **-ont**.

→ *Prendre : je <u>prendr</u>ai → <u>prendr</u>*

> ⚠ Les verbes irréguliers changent de radical.
> **Avoir** → j'aurai, tu auras, il/elle aura…
> **Être** → je serai, tu seras, il/elle sera…
> **Aller** → j'irai, tu iras, il/elle ira…
> **Faire** → je ferai, tu feras, il/elle fera…
> **Pouvoir** → je pourrai, tu pourras, il/elle pourra…
> **Savoir** → je saurai, tu sauras, il/elle saura…
> **Venir** → je viendrai, ti viendras, il/elle viendra…
> **Voir** → je verrai, tu verras, il/elle verra…
> **Vouloir** → je voudrai, tu voudras, il/elle voudra…

3. Le passé composé

a. Emploi

On l'utilise pour parler d'un événement passé.

b. Formation

On forme le passé composé avec :
avoir ou **être** au présent + <u>participe passé</u>.

→ *J'**ai** <u>mangé</u>*   *Je **suis** <u>allé(e)</u>*
  *Tu **as** <u>mangé</u>*   *Tu **es** <u>allé(e)</u>*
  *Il/Elle/On **a** <u>mangé</u>*   *Il/Elle/On **est** <u>allé(e)</u>*
  *Nous **avons** <u>mangé</u>*   *Nous **sommes** <u>allé(e)s</u>*
  *Vous **avez** <u>mangé</u>*   *Vous **êtes** <u>allé(e)s</u>*
  *Ils/Elles **ont** <u>mangé</u>*   *Ils/Elles **sont** <u>allé(e)s</u>*

Le plus souvent, on utilise **avoir** pour conjuguer au passé composé, mais les verbes suivants se conjuguent toujours avec **être** :
aller, venir, arriver, partir, entrer, sortir, naître, mourir, rester, tomber, devenir.

→ *Léa **est** arrivée en retard.*

> Les verbes suivants se conjuguent avec **être** ou **avoir** suivant leur sens : *sortir, monter, descendre, passer, rentrer, retourner.*
>
> → *Simon **est monté** en haut de la tour Eiffel ! Fiona **a monté** les valises au grenier.*

Verbes en -ER

participe passé en **é**	aimé, chanté, joué, allé...

Verbes en -IR

participe passé en **i**	fini, grandi, parti...

Sauf :
offrir	→ **offert**
découvrir	→ **découvert**
souffrir	→ **souffert**
ouvrir	→ **ouvert**
mourir	→ **mort**

Autres verbes

répondre	→ **répondu**	dire	→ **dit**
entendre	→ **entendu**	écrire	→ **écrit**
voir	→ **vu**	prendre	→ **pris**
lire	→ **lu**	mettre	→ **mis**
savoir	→ **su**	faire	→ **fait**
connaître	→ **connu**	naître	→ **né**
croire	→ **cru**	être	→ **été**
venir	→ **venu**	avoir	→ **eu**

c. L'accord du participe passé

Quand le verbe se conjugue avec **être**, on accorde le participe passé avec le sujet.

→ *Hélène est arrivée.*

Quand le verbe est conjugué avec **avoir**, on n'accorde jamais avec le sujet. On accorde avec le COD s'il est placé avant le verbe sinon on ne fait pas l'accord.

Le COD peut être :
— un pronom personnel (l', les, nous vous, m', t')

→ *Mes clés ? Je **les** ai oubliées.*

— un pronom relatif (que/qu')

→ *Les chaussures **que** tu as achetées sont jolies.*

4. L'imparfait

a. Emploi

On l'utilise pour faire une description dans le passé : un lieu, une personne, une activité, une situation...

→ *Elle **avait** 13 ans, elle **était** grande pour son âge.*

Précis

On l'utilise aussi pour décrire une activité habituelle dans le passé.

➔ *Elle **faisait** de la danse tous les mercredis.*

b. Formation

On forme l'imparfait avec :
<u>radical</u> de la 1re personne du pluriel du présent + **-ais, -ais, -ait, -ions, -iez, -aient**.

➔ *Avoir : nous <u>av</u>ons   → <u>av</u>*
   J'<u>av</u>ais
   Tu <u>av</u>ais
   Il/Elle/On <u>av</u>ait
   Nous <u>av</u>ions
   Vous <u>av</u>iez
   Ils/Elles <u>av</u>aient

⚠ Seul le verbe **être** est irrégulier.
➔ *j'**étais**, tu **étais**, il **était**, nous **étions**, vous **étiez**, ils **étaient**.*

5. Le conditionnel

a. Emploi

On l'utilise pour exprimer :

— une demande polie

➔ *Tu **pourrais** me donner un verre d'eau, s'il te plaît?*
   *Je **voudrais** un ticket de bus, s'il vous plaît.*

— un souhait ou un projet lointain

➔ *J'**aimerais** aller au Sénégal.*
   *Plus tard, je **voudrais** être médecin.*

b. Formation

On forme le conditionnel avec :
<u>radical</u> du futur + **terminaisons** de l'imparfait.

➔ *Vouloir : nous <u>voudr</u>ions   → <u>voudr</u>*
   Je <u>voudr</u>ais
   Tu <u>voudr</u>ais
   Il/Elle/On <u>voudr</u>ait
   Nous <u>voudr</u>ions
   Vous <u>voudr</u>iez
   Ils/Elles <u>voudr</u>aient

6. Le subjonctif présent

a. Emploi

On l'utilise pour exprimer :

— la volonté ou un souhait

➔ *Je **veux**/**souhaite** que tu **sois** à l'heure!*

— une obligation ou un devoir avec **il faut que**

➜ *Il faut qu'on fasse un gâteau !*

— le but avec **pour que** et **afin que**

➜ *Pour qu'il soit à l'heure, dépose-le à la gare.*

— le doute ou l'opinion avec les verbes d'opinion à la forme négative

➜ *je <u>ne crois pas qu'il</u> **vienne**.*
*Je <u>ne pense pas que</u> tu **connaisses** mon frère.*

b. Formation

On forme le subjonctif avec :
<u>radical</u> du présent à la 3e personne du pluriel du présent + **-e**, **-es**, **-e**, **-ions**, **-iez**, **-ent**.

➜ *Partir : <u>part</u>ent → <u>part</u>*
Que je <u>part</u>e
Que tu <u>part</u>es
Qu'il/elle/on <u>part</u>e
Que nous <u>part</u>ions
Que vous <u>part</u>iez
Qu'ils/elles <u>part</u>ent

⚠ Il y a quelques verbes irréguliers :

Avoir	→ que j'aie, tu aie, il/elle ait…
Être	→ que je sois, tu sois, il/elle soit…
Faire	→ que je fasse, tu fasses, il/elle fasse…
Pouvoir	→ que je puisse, tu puisses, il/elle puisse…
Aller	→ que j'aille, tu ailles, il/elle aille…
Voir	→ que je voie, tu voies, il/elle voie…
Savoir	→ que je sache, tu saches, il/elle/on sache…

La phrase

1. La phrase interrogative

Il existe plusieurs façons de poser des questions :

• **L'intonation montante**

➜ *Tu as vu le film hier ?*

• **Est-ce que**

➜ *Est-ce que tu as vu le film hier ?*

• **Interrogatif** + verbe ou **interrogatif** + **est-ce que**

➜ *Pourquoi est-tu là ? = Pourquoi est-ce que tu es là ?*
Que fais-tu ? = Qu'est-ce que tu fais ?

• **L'inversion du sujet**

➜ *Peux-tu me prêter ton portable, s'il te plaît ?*

2. La voie passive

On utilise le passif pour mettre en valeur **le sujet du verbe**.

→ <u>Le célèbre détective Hercule Poirot</u> <u>a résolu</u> <u>l'énigme</u>. *(phrase active)*
           sujet   verbe   COD

<u>L'énigme</u> <u>a été résolue</u> <u>par</u> <u>le célèbre détective Hercule Poirot</u>. *(phrase passive)*
  sujet   verbe   complément d'agent

La localisation

1. Localisation dans le temps

a. Pour situer dans le temps

lundi 12 octobre	samedi 17 octobre	dimanche 18 octobre	lundi 19 octobre	mardi 20 octobre	mercredi 21 octobre	lundi 26 octobre
Il y a une semaine/ La semaine dernière	*Avant-hier*	*Hier*	*Aujourd'hui*	*Demain*	*Après-demain*	*La semaine prochaine/ Dans une semaine*

b. Pour indiquer l'ordre des actions

Pour énumérer des faits, on utilise :
d'abord, ensuite, puis, enfin, finalement.

→ *D'abord je me suis levée, **ensuite** je me suis lavée, **puis** j'ai pris mon petit déjeuner et **enfin**, je suis allée au collège.*

c. Pour exprimer la durée

Pour exprimer la durée, on utilise : **il y a, pendant, depuis.**

Depuis indique le moment du début d'une action prolongée et qui dure encore au moment où l'on parle. Le temps du verbe est le présent.

→ *Je fais du judo **depuis** trois ans.*

La cause et la conséquence

1. La cause

Pour exprimer la cause, on peut utiliser :

• **Parce que** + pronom/sujet + verbe
→ *Il est absent **parce qu'**il est malade.*

• **À cause** + nom ou pronom tonique
→ *Les gorilles disparaissent **à cause de** la déforestation.*

- **Grâce à** + nom/pronom
→ *Grâce à <u>son explication</u>, j'ai réussi à faire l'exercice.*

 À cause de introduit plutôt une cause négative.
Grâce à introduit une cause positive.

- **Comme** + indicatif
→ *Comme il <u>fait</u> froid, je mets un bonnet.*

- **Puisque** + indicatif
→ *Puisque la voiture <u>est</u> en panne, je prends mon vélo.*

2. La conséquence

Pour exprimer la conséquence, on peut utiliser :

- **Donc**
→ *Nos déchets s'accumulent, il faut **donc** les recycler !*

- **C'est pour ça que**
→ *Notre planète est maltraitée, **c'est pour ça que** nous devons la protéger !*

- **Alors**
→ *Ils se sont disputés, **alors** ils ne se parlent plus.*

- **Du coup**
→ *Léa est en retard, **du coup** elle se dépêche.*

La comparaison

1. Les comparatifs

a. Comparer avec un adjectif

plus			
moins	adjectif	que / qu'	→ *Antoine est **plus** petit **que** Jean.*
autant			

b. Comparer avec un nom

plus				
moins	de / d'	nom	que / qu'	→ *Sylvie a **autant** de billes **que** Norah.*
autant				

c. Comparer avec un verbe

	plus que / qu'	
verbe	moins que / qu'	→ *Paul travaille **moins que** Cécile.*
	autant que / qu'	

⚠ Certains adjectifs et adverbes sont irréguliers :

• bon → **meilleur**

➔ *Nathalie est **meilleure que** Simon en natation.*

• bien → **mieux**

➔ *Héloïse dessine **mieux que** les autres.*

• mauvais → **pire ou plus mauvais(e)**

➔ *Ce résultat est **pire que** le précédent.*

2. Les superlatifs

Comparer avec un adjectif, un verbe ou un adverbe

verbe	le plus / le moins	verbe / adjectif / adverbe	➔ *C'est Pierre qui <u>mange</u> **le plus**.*
			➔ *C'est Pierre qui est **le plus** <u>grand</u>.*
			➔ *C'est Pierre qui court **le plus** <u>vite</u>.*

⚠ Certains adjectifs et adverbes sont irréguliers :

• bon → **le / la meilleur(e)**

➔ *Pierre est **le meilleur** nageur de sa classe.*

• mauvais → **le / la pire**

➔ *C'est **la pire** note de l'année.*

➔ *C'est **la plus** mauvaise note de l'année.*

L'expression de la manière

Pour modifier le sens d'un verbe ou d'un adjectif, on peut utiliser
un adverbe en **-ment**.

➔ *Il joue **parfaitement** au tennis !*

• Pour former un adverbe en **-ment**, on prend l'adjectif au féminin et on
ajoute **-ment**.

➔ *heureux, heureu<u>se</u> → **heureusement***

• Pour les adjectifs terminés par **i** au masculin, on prend l'adjectif
au masculin et on ajoute **-ment**.

➔ *infin<u>i</u> → **infiniment***

• Les adjectifs terminés par **-ent** et **-ant** ont une terminaison en **-emment**
ou **-amment**.

➔ *évid<u>ent</u> → **évidemment***

➔ *cour<u>ant</u> → **couramment***

L'expression de la condition

a. La condition au présent

Pour exprimer une généralité ou une évidence, on peut employer :
si + présent + présent

➜ *Si je suis malade, je **reste** au lit.*

b. La condition au futur

Pour exprimer une probabilité ou une certitude, on peut employer :
si + présent + futur

➜ *Si j'**ai** le temps demain, j'**irai** à la piscine.*

c. La condition à l'impératif

Pour exprimer un conseil ou un ordre, on peut employer :
si + présent + impératif

➜ *Si tu **veux** être à l'heure, **prends** le bus !*

L'expression de l'opposition

Pour opposer deux éléments dans une phrase, on utilise :

- **mais**
➜ *Manon est blonde **mais** sa sœur est brune.*

- **pourtant**
➜ *Julie est fatiguée, **pourtant** elle a fait une sieste.*

- **alors que**
➜ *Éric se baigne **alors que** l'eau est très froide !*

- **même si**
➜ *Paul est en forme **même** s'il n'a pas beaucoup dormi.*

	Présent	Passé composé	Imparfait	Futur	Conditionnel présent	Subjonctif présent

ÊTRE

	Présent	Passé composé	Imparfait	Futur	Conditionnel présent	Subjonctif présent
je/j'	suis	ai été	étais	serai	serais	sois
tu	es	as été	étais	seras	serais	sois
il/elle/on	est	a été	était	sera	serait	soit
nous	sommes	avons été	étions	serons	serions	soyons
vous	êtes	avez été	étiez	serez	seriez	soyez
ils/elles	sont	ont été	étaient	seront	seraient	soient

AVOIR

	Présent	Passé composé	Imparfait	Futur	Conditionnel présent	Subjonctif présent
j'	ai	ai eu	avais	aurai	aurais	aie
tu	as	as eu	avais	auras	aurais	aies
il/elle/on	a	a eu	avait	aura	aurait	ait
nous	avons	avons eu	avions	aurons	aurions	ayons
vous	avez	avez eu	aviez	aurez	auriez	ayez
ils/elles	ont	ont eu	avaient	auront	auraient	aient

FAIRE

	Présent	Passé composé	Imparfait	Futur	Conditionnel présent	Subjonctif présent
je/j'	fais	ai fait	faisais	ferai	ferais	fasse
tu	fais	as fait	faisais	feras	ferais	fasses
il/elle/on	fait	a fait	faisait	fera	ferait	fasse
nous	faisons	avons fait	faisions	ferons	ferions	fassions
vous	faites	avez fait	faisiez	ferez	feriez	fassiez
ils/elles	font	ont fait	faisaient	feront	feraient	fassent

ALLER

	Présent	Passé composé	Imparfait	Futur	Conditionnel présent	Subjonctif présent
je/j'	vais	suis allé(e)	allais	irai	irais	aille
tu	vas	es allé(e)	allais	iras	irais	ailles
il/elle/on	va	est allé(e)	allait	ira	irait	aille
nous	allons	sommes allé(e)s	allions	irons	irions	allions
vous	allez	êtes allé(e)(s)	alliez	irez	iriez	alliez
ils/elles	vont	sont allé(e)s	allaient	iront	iraient	aillent

INFORMER
VERBES EN -ER RÉGULIERS

	Présent	Passé composé	Imparfait	Futur	Conditionnel présent	Subjonctif présent
j'	informe	ai informé	informais	informerai	informerais	informe
tu	informes	as informé	informais	informeras	informerais	informes
il/elle/on	informe	a informé	informait	informera	informerait	informe
nous	informons	avons informé	informions	informerons	informerions	informions
vous	informez	avez informé	informiez	informerez	informeriez	informiez
ils/elles	informent	ont informé	informaient	informeront	informeraient	informent

SE LEVER
VERBES PRONOMINAUX EN -ER

	Présent	Passé composé	Imparfait	Futur	Conditionnel présent	Subjonctif présent
je	me lève	me suis levé(e)	me levais	me lèverai	me lèverais	me lève
tu	te lèves	t'ai levé(e)	te levais	te lèveras	te lèverais	te lèves
il/elle/on	se lève	s'est levé(e)	se levait	se lèvera	se lèverait	se lève
nous	nous levons	nous sommes levé(e)s	nous levions	nous lèverons	nous lèverions	nous levions
vous	vous levez	vous vous êtes levé(e)s	vous leviez	vous lèverez	vous lèveriez	vous leviez
ils/elles	se lèvent	se sont levé(e)s	se levaient	se lèveront	se lèveraient	se lèvent

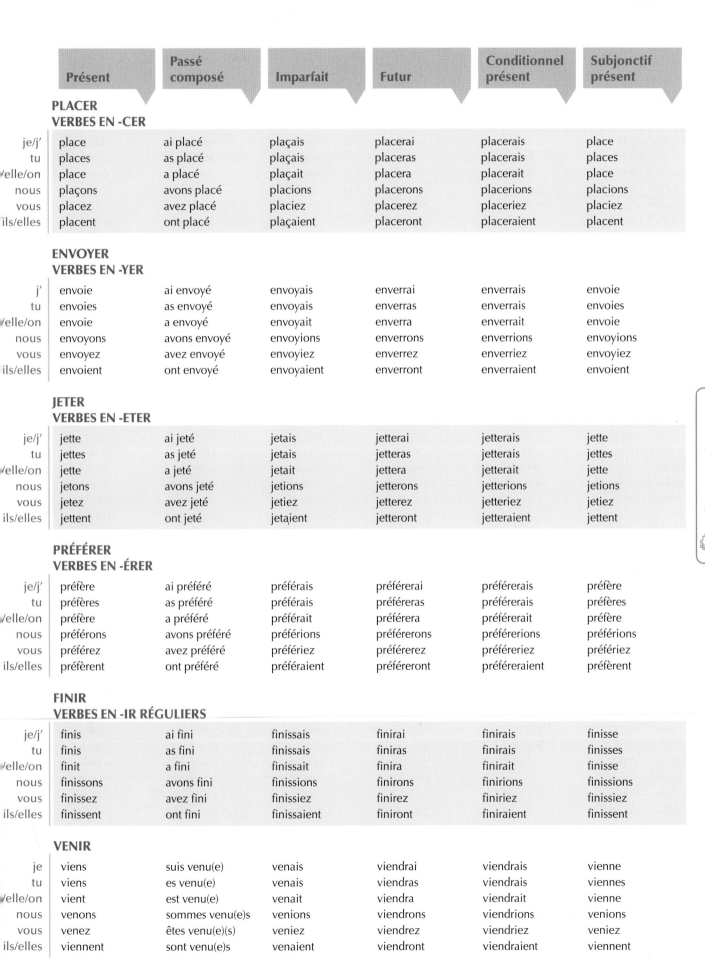

	Présent	Passé composé	Imparfait	Futur	Conditionnel présent	Subjonctif présent
PLACER — VERBES EN -CER						
je/j'	place	ai placé	plaçais	placerai	placerais	place
tu	places	as placé	plaçais	placeras	placerais	places
il/elle/on	place	a placé	plaçait	placera	placerait	place
nous	plaçons	avons placé	placions	placerons	placerions	placions
vous	placez	avez placé	placiez	placerez	placeriez	placiez
ils/elles	placent	ont placé	plaçaient	placeront	placeraient	placent
ENVOYER — VERBES EN -YER						
j'	envoie	ai envoyé	envoyais	enverrai	enverrais	envoie
tu	envoies	as envoyé	envoyais	enverras	enverrais	envoies
il/elle/on	envoie	a envoyé	envoyait	enverra	enverrait	envoie
nous	envoyons	avons envoyé	envoyions	enverrons	enverrions	envoyions
vous	envoyez	avez envoyé	envoyiez	enverrez	enverriez	envoyiez
ils/elles	envoient	ont envoyé	envoyaient	enverront	enverraient	envoient
JETER — VERBES EN -ETER						
je/j'	jette	ai jeté	jetais	jetterai	jetterais	jette
tu	jettes	as jeté	jetais	jetteras	jetterais	jettes
il/elle/on	jette	a jeté	jetait	jettera	jetterait	jette
nous	jetons	avons jeté	jetions	jetterons	jetterions	jetions
vous	jetez	avez jeté	jetiez	jetterez	jetteriez	jetiez
ils/elles	jettent	ont jeté	jetaient	jetteront	jetteraient	jettent
PRÉFÉRER — VERBES EN -ÉRER						
je/j'	préfère	ai préféré	préférais	préférerai	préférerais	préfère
tu	préfères	as préféré	préférais	préféreras	préférerais	préfères
il/elle/on	préfère	a préféré	préférait	préférera	préférerait	préfère
nous	préférons	avons préféré	préférions	préférerons	préférerions	préférions
vous	préférez	avez préféré	préfériez	préférerez	préféreriez	préfériez
ils/elles	préfèrent	ont préféré	préféraient	préféreront	préféreraient	préfèrent
FINIR — VERBES EN -IR RÉGULIERS						
je/j'	finis	ai fini	finissais	finirai	finirais	finisse
tu	finis	as fini	finissais	finiras	finirais	finisses
il/elle/on	finit	a fini	finissait	finira	finirait	finisse
nous	finissons	avons fini	finissions	finirons	finirions	finissions
vous	finissez	avez fini	finissiez	finirez	finiriez	finissiez
ils/elles	finissent	ont fini	finissaient	finiront	finiraient	finissent
VENIR						
je	viens	suis venu(e)	venais	viendrai	viendrais	vienne
tu	viens	es venu(e)	venais	viendras	viendrais	viennes
il/elle/on	vient	est venu(e)	venait	viendra	viendrait	vienne
nous	venons	sommes venu(e)s	venions	viendrons	viendrions	venions
vous	venez	êtes venu(e)(s)	veniez	viendrez	viendriez	veniez
ils/elles	viennent	sont venu(e)s	venaient	viendront	viendraient	viennent

Conjugaisons

CONJUGAISONS

	Présent	Passé composé	Imparfait	Futur	Conditionnel présent	Subjonctif présent
VOIR						
je/j'	vois	ai vu	voyais	verrai	verrais	voie
tu	vois	as vu	voyais	verras	verrais	voies
il/elle/on	voit	a vu	voyait	verra	verrait	voie
nous	voyons	avons vu	voyions	verrons	verrions	voyions
vous	voyez	avez vu	voyiez	verrez	verriez	voyiez
ils/elles	voient	ont vu	voyaient	verront	verraient	voient
SAVOIR						
je/j'	sais	ai su	savais	saurai	saurais	sache
tu	sais	as su	savais	sauras	saurais	saches
il/elle/on	sait	a su	savait	saura	saurait	sache
nous	savons	avons su	savions	saurons	saurions	sachions
vous	savez	avez su	saviez	saurez	sauriez	sachiez
ils/elles	savent	ont su	savaient	sauront	sauraient	sachent
CROIRE						
je/j'	crois	ai cru	croyais	croirai	croirais	croie
tu	crois	as cru	croyais	croiras	croirais	croies
il/elle/on	croit	a cru	croyait	croira	croirait	croie
nous	croyons	avons cru	croyions	croirons	croirions	croyions
vous	croyez	avez cru	croyiez	croirez	croiriez	croyiez
ils/elles	croient	ont cru	croyaient	croiront	croiraient	croient
VOULOIR						
je/j'	veux	ai voulu	voulais	voudrai	voudrais	veuille
tu	veux	as voulu	voulais	voudras	voudrais	veuilles
il/elle/on	veut	a voulu	voulait	voudra	voudrait	veuille
nous	voulons	avons voulu	voulions	voudrons	voudrions	voulions
vous	voulez	avez voulu	vouliez	voudrez	voudriez	vouliez
ils/elles	veulent	ont voulu	voulaient	voudront	voudraient	veuillent
POUVOIR						
je/j'	peux	ai pu	pouvais	pourrai	pourrais	puisse
tu	peux	as pu	pouvais	pourras	pourrais	puisses
il/elle/on	peut	a pu	pouvait	pourra	pourrait	puisse
nous	pouvons	avons pu	pouvions	pourrons	pourrions	puissions
vous	pouvez	avez pu	pouviez	pourrez	pourriez	puissiez
ils/elles	peuvent	ont pu	pouvaient	pourront	pourraient	puissent
FALLOIR						
il	faut	a fallu	fallait	faudra	faudrait	faille
PLEUVOIR						
il	pleut	a plu	pleuvait	pleuvra	pleuvrait	pleuve

	Présent	Passé composé	Imparfait	Futur	Conditionnel présent	Subjonctif présent
ÉCRIRE						
j'	écris	ai écrit	écrivais	écrirai	écrirais	écrive
tu	écris	as écrit	écrivais	écriras	écrirais	écrives
il/elle/on	écrit	a écrit	écrivait	écrira	écrirait	écrive
nous	écrivons	avons écrit	écrivions	écrirons	écririons	écrivions
vous	écrivez	avez écrit	écriviez	écrirez	écririez	écriviez
ils/elles	écrivent	ont écrit	écrivaient	écriront	écriraient	écrivent
LIRE						
je/j'	lis	ai lu	lisais	lirai	lirais	lise
tu	lis	as lu	lisais	liras	lirais	lises
il/elle/on	lit	a lu	lisait	lira	lirait	lise
nous	lisons	avons lu	lisions	lirons	lirions	lisions
vous	lisez	avez lu	lisiez	lirez	liriez	lisiez
ils/elles	lisent	ont lu	lisaient	liront	liraient	lisent
VIVRE						
je/j'	vis	ai vécu	vivais	vivrai	vivrais	vive
tu	vis	as vécu	vivais	vivras	vivrais	vives
il/elle/on	vit	a vécu	vivait	vivra	vivrait	vive
nous	vivons	avons vécu	vivions	vivrons	vivrions	vivions
vous	vivez	avez vécu	viviez	vivrez	vivriez	viviez
ils/elles	vivent	ont vécu	vivaient	vivront	vivraient	vivent
APPRENDRE						
j'	apprends	ai appris	apprenais	apprendrai	apprendrais	apprenne
tu	apprends	as appris	apprenais	apprendras	apprendrais	apprennes
il/elle/on	apprend	a appris	apprenait	apprendra	apprendrait	apprenne
nous	apprenons	avons appris	apprenions	apprendrons	apprendrions	apprenions
vous	apprenez	avez appris	appreniez	apprendrez	apprendriez	appreniez
ils/elles	apprennent	ont appris	apprenaient	apprendront	apprendraient	apprennent
BOIRE						
je/j'	bois	ai bu	buvais	boirai	boirais	boive
tu	bois	as bu	buvais	boiras	boirais	boives
il/elle/on	boit	a bu	buvait	boira	boirait	boive
nous	buvons	avons bu	buvions	boirons	boirions	buvions
vous	buvez	avez bu	buviez	boirez	boiriez	buviez
ils/elles	boivent	ont bu	buvaient	boiront	boiraient	boivent
METTRE						
je/j'	mets	ai mis	mettais	mettrai	mettrais	mette
tu	mets	as mis	mettais	mettras	mettrais	mettes
il/elle/on	met	a mis	mettait	mettra	mettrait	mette
nous	mettons	avons mis	mettions	mettrons	mettrions	mettions
vous	mettez	avez mis	mettiez	mettrez	mettriez	mettiez
ils/elles	mettent	ont mis	mettaient	mettront	mettraient	mettent

Conjugaisons

Les sons du français

Les voyelles

[i] idée, asymétrique	[y] humoriste	[u] souvenir
[e] actualité, regarder, vous regardez	[ɛ] je parlais, palmarès, carnet, vêtement, me<u>r</u>	
[ø] deux, bleu	[œ] voleu<u>r</u>	[ə] je, de
[o] opération, chaud, chapeau	[ɔ] mode, ordinateur	
[A] = [a] ou [ɑ] la		
[Ẽ] = [ɛ̃] ; [œ̃] un, pain, inspecteur, chien, ceinture, sympa	[ɑ̃] roman, vent, campagne	[ɔ̃] nous venons, combien

Les semi-voyelles

[ɥ] nuit	[w] voiture	[j] famille, merveille, crayon, amitié

Les consonnes

[p] parachute, échapper	[t] travail, vignette	[k] quatre, cinq, caoutchouc, archéologue
[b] bénévole	[d] dinosaure	[g] goûter
[m] mission, communiquer	[n] noix, mannequin	[ɲ] campagne
[f] festival, affaire	[s] se, espérer, message, ça, célèbre, expérience	[ʃ] charte
[v] voter	[z] réviser, zoo, les_amis	[ʒ] voyage, journal
[l] la, ville	[R] réussir, arriver	

Phonie-graphie

Je prononce...	J'écris...		
[A]	à → à	â → gâteau	e + mme → femme
[i]	i → idée	y → asymétrique	
[y]	u → humoriste	eu (participe passé du verbe *avoir*) → j'ai eu	
[u]	ou → souvenir	où → où	
[e]	é → j'ai regardé	e + consonne muette → le<u>s</u>	
[ɛ]	ai → je parlais et → carnet e + consonne prononcée → me<u>r</u>	è → palmarès ê → vêtement	
[ø]	eu → deux | eu + [z] → amoureuse	œu + **consonne ou en fin de mot** → vœu	
[œ]	eu + **consonne prononcée** → râleur	œu + **consonne prononcée** → sœur	
[ə]	e → je		
[o]	o → vidéo o + consonne muette → tro<u>p</u> o + [z] → cho<u>se</u>	eau → chapeau au → chaud	
[ɔ]	o + consonne prononcée (sauf [z]) → l'ordinateur		
[Ẽ]	un → un ein → ceinture	in → invité ien → chien	ain → copain ym → sympa
[ã]	an → devant	en → cent	em → emprunter am → ambiance
[ɔ̃]	on → nous allons	om → combien	
[ɥ]	ui → nuit		
[w]	oi → voiture	oin → loin	ou + voyelle prononcée → bou<u>ée</u>
[j]	ill → fille | eil → merveille	y → crayon	i + voyelle prononcée → amitié
[k]	k → kilo c + a/o/u → caméra, copain, cuir q → cinq	c + consonne → club, critique qu → conséquence cc → préoccupation	
[s]	s en début de mot → santé ss → message	ç → ça s à côté d'une consonne → i<u>n</u>specteur, e<u>s</u>pérer	c + e/i → gla<u>ce</u> tion → prévention
[z]	s entre deux voyelles → oiseau z → onze	s de liaison → ils‿ont x de liaison → dix‿heures	
[g]	g + a/o/u → gauche, goûter	gu + e/i → guerre, guide	
[ʒ]	j → je, journal	g + e/i → voyage	
[f]	f → faire	ff → effort	ph → orphelin

Mot français	ANGLAIS	ESPAGNOL	PORTUGAIS	CHINOIS	ARABE
A					
abandonner	abandon/give up	abandonar	abandonar	放弃	تخلى عن
abstrait	abstract	abstracto	abstracto	抽象的	تجريدي
accessoire, n. m.	accessory/fitting	accesorio	acessório	附属品	أكسسوار
accuser	accuse	acusar	acusar	控诉	اتَّهَم
actualité, n. f.	news	noticia/actualidad	actualidade	时事	أخبار
adapter	adapt	adaptar	adaptar	使适应	لاءم
agrume, n. m.	citrus fruit	cítrico	citrino	柑橘类	حمضيات
ambassadeur, n. m.	ambassador	embajador	embaixador	大使	سفير
ambiance, n. f.	ambience/atmosphere	ambiente	ambiente	气氛	(جو) في مكان
améliorer	improve	mejorar	melhorar	改进	حَسَّنَ
ample	ample/extensive	amplio	amplo	广阔的	واسع
anomalie, n. f.	anomaly	anomalía	anomalia	异常	خلل
archéologue, n.	archaeologist	arqueólogo	arqueólogo	考古学者	عالم آثار
art, n. m.	art	arte	arte	艺术	فن
article, n. m.	article/item	artículo	artigo	文章	مقالة
assassin, n. m.	killer/murderer	asesino	assassino	杀人犯	قاتِل
assemblée, n. f.	assembly/meeting	asamblea	assembleia	大会	تجمّع
association, n. f.	association	asociación	associação	协会	جمعية
astuce, n. f.	tip/hint	truco	astúcia	窍门	حيلة
asymétrique	asymmetrical	asimétrico	assimétrico	不对称的	غير متماثل
athlète, n.	athlete	atleta	atleta	运动员	رياضي
attaché à	attached to	unido a	ligado a	眷恋……	تعلَّق بـ (عاطفيا)
attentif	attentive	atento	atento	专心的	متنبه
attitude, n. f.	attitude	actitud	atitude	态度	سلوك
audace, n. f.	boldness/nerve	audacia	audácia	大胆	جرأة
auditeur, n. m.	listener	auditor	auditor	听众	مستمع
autonome	autonomous	autónomo	autónomo	秋天	مستقل بذاته
B					
bac, n. m.	basin	pila	recipiente	洗头池	مغْسَل
bande dessinée, n. f.	comic strip/cartoon	cómic	banda desenhada	漫画	رَسوم متحركة
banque, n. f.	bank	banco	banco	银行	بنك
bénévolat, n. m.	voluntary work	voluntariado	voluntariado	义工	تطوع
bermuda, n. m.	bermuda shorts	bermudas	bermudas	百慕大短裤	سروال قصير
bidonville, n. m.	shanty town	(barro de) chabolas	favela	贫民窟	بيوت قصديرية
blason, n. m.	crest/coat of arms	blasón	brasão	纹章	شعَار
bohème	bohemian	bohemio	boémio	放浪不羁的	بوهيمي
bricoler	do DIY	hacer bricolaje	fazer bricolage	在家修修弄弄	صلَّح
brochure, n. f.	brochure	folleto	folheto	小册子	كتيب
bulle, n. f.	bubble	burbuja	bola	水泡	فقاعة
C					
calcium, n. m.	calcium	calcio	cálcio	钙	كالسيوم
cambrioler	burgle	robar	roubar	侵入……盗窃	سَرقَ
caméra, n. f.	camera	cámara	câmara	摄像机	كامِيرا
campagne, n. f.	campaign	campaña	campanha	活动	حمْلة
caoutchouc, n. m.	rubber	caucho	borracha	橡胶	مطَّاط
cap, n. m.	hurdle/course	límite, barrera	etapa	关卡	مرحلة
carreaux (à)	checked	cuadros (de)	certinho	方格形的	ذو مربعات
ceinture, n. f.	belt	cinturón, cintura	cinto	腰带	حزام
célèbre	famous	famoso	célebre	著名的	مشهور
chance, n. f.	luck/chance	suerte	sorte	运气	حظ
chantier, n. m.	building site	obra	obras	工地	ورشة
chanvre, n. m.	hemp	cáñamo	cânhamo	大麻	قنب
charte, n. f.	charter/chart	carta	carta	宪章	ميثاق
chevelure, n. f.	hair	cabellera	cabeleira	头发	الشّعْر
citoyen, n. m.	citizen	ciudadano	cidadão	公民	مواطن
club, n. m.	club	club	clube	俱乐部	نادي
cohabitation, n. f.	cohabitation	cohabitación	coabitação	共同执政	تعايش
collecter	collect	recolectar, recaudar	colectar	收集	جمع

Mot français	ANGLAIS	ESPAGNOL	PORTUGAIS	CHINOIS	ARABE
colocation, *n. f.*	joint tenancy	co-alquiler	colocação	共同租住	كراء مشترك للبيت
combat, *n. m.*	combat/fighting	combate	combate	战斗	كفاح
comité, *n. m.*	committee	comité	comité	委员会	لجنة
commune, *n. f.*	district	municipio	comuna	市镇	بلدية
communiquer	communicate	comunicar	comunicar	告知	أَبْلَغَ
compositeur, *n. m.*	composer	compositor	compositor	作曲家	ملحن
concert, *n. m.*	concert	concierto	concerto	音乐会	حفل
concours, *n. m.*	competition/support	concurso	concurso	会考	مسابقة
confiance, *n. f.*	trust/confidence	confianza	confiança	信心	ثقة
conflit, *n. m.*	conflict	conflicto	conflito	冲突	صِراع
connaître	know	conocer	conhecer	认识	عرَفَ
conseil municipal, *n. m.*	town/city council	consejo municipal	conselho municipal	市议会	مجلس بلدي
consommer	consume (eat/drink)	consumir	consumir	消费	استهلك
construire	build/construct	construir	construir	建设	شيَّدَ
contacter	contact	contactar	contactar	联系	اتَّصل بـ
coupable	guilty	culpable	culpado	有罪的	مُذنب
coupe	cut	corte	corte	发型	تسريحة الشعر
couturier, *n. m.*	fashion designer/ dressmaker	modisto	costureiro	裁缝	خيّاط
critique, *n. f.*	criticism	crítico(-a)	crítica	评论	انتقاد
cuir, *n. m.*	leather	cuero, piel	couro	皮	جلد
culture, *n. f.*	culture	cultivo, cultura	cultura	文化	ثقافة

D

débat, *n. m.*	debate	debate, discusión	debate	辩论	نقاش
déclarer	declare	declarar	declarar	宣布	صرَّح بـ
décoller	take off	despegar	descolar	起飞	أَقْلَعَ
décontracté	relaxed	relajado, informal	descontraído	轻松的	مسترخٍ
décor, *n. m.*	decor	decoración	decoração	装饰	ديكور
découverte, *n. f.*	discovery	descubrimiento	descoberta	发现	اكتشاف
défendre	forbid/defend	defender	defender	捍卫	دافع عن
défiler	parade	desfilar	desfile	游行	تتابَع
délaver	wash out	templar, aguar, lavar	deslavar	浸润	نزع اللون
délégué, *n. m.*	representative	delegado	delegado	代表	مندوب
destin, *n. m.*	fate/destiny	destino	destino	命运	قضاء وقدر
détective, *n. m.*	detective	detective	detective	侦探	مُتحرٍّ
digestion, *n. f.*	digestion	digestión	digestão	消化	هضْم
dinosaure, *n. m.*	dinosaur	dinosaurio	dinossauro	恐龙	دينصور
discrimination, *n. f.*	discrimination	discriminación	discriminação	歧视	تمييز
disparaître	disappear	desaparecer	desaparecer	消失	اختفى
doute, *n. m.*	doubt	duda	dúvida	疑问	شك
durée, *n. f.*	length/duration	duración	duração	持续时间	مدة

E

échapper	escape	escapar	escapar	逃脱	هرَبَ
éditer	publish/edit	editar	editar	编辑	نَشَر
éducation, *n. f.*	education	educación	educação	教育	تربية
effort, *n. m.*	effort	esfuerzo	esforço	用劲	جهد
égalité, *n. f.*	equality	igualdad	igualdade	平等	مساواة
électeur, *n. m.*	voter	elector	eleitor	选举人	ناخب
électricité, *n. f.*	electricity	electricidad	electricidade	电	كهرباء
élire	elect	elegir	eleger	选举	انتخب
émission, *n. f.*	programme/ broadcast	emisión/programa	emissão	节目	إصدار
emprunter	borrow	pedir o tomar prestado	emprestar	借	اقترض
encas, *n. m.*	snack	piscolabis, refrigerio	petisco	备用现成饭菜	وجبة خفيفة
encourager	encourage	animar	incentivar	鼓励	شجَّعَ
engagement, *n. m.*	commitment/ engagement	compromiso	compromisso	鼓励	التزام
engager (s')	promise/undertake	comprometer(se)	comprometer-se	保证	التزم بـ
énigme, *n. f.*	enigma/mystery	enigma	enigma	谜	لغز
ennuyeux	boring/annoying	aburrido	aborrecido	令人厌倦的	ملل

Mot français	ANGLAIS	ESPAGNOL	PORTUGAIS	CHINOIS	ARABE
enquête, n. f.	survey	encuesta	inquérito	调查	تحرٍّ
entraide, n. f.	mutual assistance	ayuda mutua	entreajuda	互相帮助	تعاوُن
épais	thick	grueso, espeso	espesso	厚的	سميك
époque, n. f.	era	época	época	时期	زمَنْ
équilibrer	balance	equilibrar	equilibrar	平衡	توازن
équipage, n. m.	crew	equipaje	equipagem	机组	طاقم
espérer	hope	esperar	esperar	希望	آمل
éthique, n. f.	ethics	ética	ética	伦理学	أخلاقيات
étudier	study	estudiar	estudar	学习	درَس
évader (s')	escape	evadir(se)	fugir	脱逃	أفلتَ
éviter	avoid/prevent	evitar	evitar	避免	تفادَى
examen, n. m.	examination/exam	examen	exame	考试	امتحان
excentrique	eccentric	excéntrico	excêntrico	怪诞的	غريب الأطوار
excès, n. m.	excess	exceso	excesso	过度	إفراط
exclusion, n. f.	exclusion	exclusión	exclusão	解除	إقصاء
exemplaire	copy	ejemplar	exemplar	份	نسخة
expérience, n. f.	experience/ experiment	experiencia	experiência	经验	تجربة
expliquer	explain	explicar	explicar	解释	شرَحَ
exploitation, n. f.	operation	explotación	exploração	经营	تشغيل

F

Mot français	ANGLAIS	ESPAGNOL	PORTUGAIS	CHINOIS	ARABE
faire	do/make	hacer	fazer	做	قامَ بِ
falloir	need/needed	hacer falta, necesitar	ser necessário	应该	توجَب
favoriser	favour/promote	favorecer	favorecer	促进	حفَّزَ
festival, n. m.	festival	festival	festival	联欢节	مهرجان
finir	finish	finalizar	acabar	结束	أنْهى
fondation, n. f.	foundation	fundación	fundação	创立	مؤسسة
fonds, n. m. pl.	funds/capital	fondos	fundos	资金	أموال
force, n. f.	strength	fuerza	força	力气	قوة
fouiller	search/dig	cachear, registrar	escavar	搜查	فتَّشَ
foulard, n. m.	scarf	fular, pañuelo	lenço	丝巾	وشاح
friperie, n. f.	second-hand clothes	ropa usada	trapos	旧衣服	محل لبيع الملابس المستعملة
friture, n. f.	frying	fritura	fritos	油炸	قلْي
fuite, n. f.	escape/leak	fuga	fuga	逃跑	تسرب

G

Mot français	ANGLAIS	ESPAGNOL	PORTUGAIS	CHINOIS	ARABE
génération, n. f.	generation	generación	geração	代	جيل
généreux	generous	generoso	generoso	慷慨的	سخي
goûter, n. m.	snack	merienda	lanche	下午点心	تصبيرة
gouvernement, n. m.	government	gobierno	governo	政府	حكومة
gratuit	free	gratuito	gratuito	免费	مجاني
guerre, n. f.	war	guerra	guerra	战争	حرب
guide, n. m.	guide	guía	guia	导游	دليل

H

Mot français	ANGLAIS	ESPAGNOL	PORTUGAIS	CHINOIS	ARABE
habitant, n. m.	resident	habitante	habitante	居民	ساكن
habitude, n. f.	habit	costumbre	hábito	习惯	عادة
handicap, n. m.	handicap	discapacidad	deficiência	残疾	إعاقة
hasard, n. m.	chance	casualidad, azar	azar	偶然	صدفة
hebdomadaire, n. m.	weekly	semanal	semanal	周报	أسبوعية
héros, héroïne, n.	hero, heroine	héroe, heroína	heróis, heroína	英雄	بطل، بطلة
hospitaliser	hospitalise	hospitalizar	hospitalizar	住院	أدخل إلى المستشفى
humeur, n. m.	mood/humour	humor	humor	情绪	مزاج
humoriste, n.	humorist	humorista	humorista	幽默的人	فكاهي
hygiène, n. f.	hygiene	higiene	higiene	卫生	نظافة

I

Mot français	ANGLAIS	ESPAGNOL	PORTUGAIS	CHINOIS	ARABE
idée, n. f.	idea	idea	ideia	主意	فكرة
identité, n. f.	identity	identidad	identidade	身份	هوية
ignorer	not know	ignorar	ignorar	不知道	تجاهَلَ
île, n. f.	island	isla	ilha	岛屿	جزيرة

Mot français	ANGLAIS	ESPAGNOL	PORTUGAIS	CHINOIS	ARABE
immigré, n. m.	immigrant	inmigrante	imigrado	移民	مهاجر
impressionnant	impressive	impresionante	impressionante	留下深刻印象的	مُدهش
indice, n. m.	sign/clue/index	indicio, pista	índice	迹象	مؤشر
influence, n. f.	influence	influencia	influência	影响	تأثير
information, n. f.	information	información	informação	信息	معلومة
informer	inform	informar	informar	告诉	أخبَرَ
inspecteur, n. m.	inspector	inspector	inspector	检查员	مفتش
institution, n. f.	institution	institución	instituição	机构	مؤسسة
intergénérationnel	intergenerational	intergeneracional	intergeracional	跨代的	ما بين الأجيال
internat, n. m.	internship	internado	internato	寄宿学校	مدرسة داخلية
internaute, n.	internet user	internauta	internauta	网民	مستعمل الإنترنت
interrogatoire, n. m.	questioning	interrogatorio	interrogatório	审讯	مساءلة
inventer	invent	inventar	inventar	发明	اخترع

J

Mot français	ANGLAIS	ESPAGNOL	PORTUGAIS	CHINOIS	ARABE
journal, n. m.	newspaper	periódico	jornal	报纸	جريدة
journaliste, n.	journalist	periodista	jornalista	记者	صحفي
justice, n. f.	justice	justicia	justiça	公正	عدالة

L

Mot français	ANGLAIS	ESPAGNOL	PORTUGAIS	CHINOIS	ARABE
lisse	smooth	liso	lisa	光滑的	ناعم
loi, n. f.	law	ley	lei	法律	قانون
loisir, n. m.	spare time/leisure	ocio	lazer	娱乐	هواية
losange, n. m.	lozenge	rombo	losango	菱形	مُعيّن

M

Mot français	ANGLAIS	ESPAGNOL	PORTUGAIS	CHINOIS	ARABE
magnifique	magnificent	magnífico	magnífico	壮丽的	رائع
mairie, n. f.	town hall	ayuntamiento	câmara municipal	市政府	بلدية
majorité, n. f.	majority	mayoría	maioridade	大多数	أغلبية
maladie, n. f.	illness	enfermedad	doença	疾病	مَرَض
maltraité	mis-treated	maltratado	maltratado	受到虐待的	يتعرض لمعاملة سيئة
mannequin, n.	model/dummy	maniquí	manequim	模特	عارضة أزياء
marque, n. f.	brand	marca	marca	品牌	علامة
massacre, n. m.	massacre	masacre	massacre	屠杀	مجزرة
matériel, n. m.	equipment	material	material	设备	عتاد
mayonnaise, n. f.	mayonnaise	mayonesa	maionese	蛋黄酱	مايونيز
mèche, n. f.	strand/lock of hair	mecha, mechón	madeixa	发绺	فتلة
média, n. m.	media	medios de comunicación	média	媒体	وسائل إعلام
médiathèque, n. f.	media library	mediateca	mediateca	多媒体图书馆	مكتبة سمعية بصرية
médusé	dumbfounded	pasmado	perplexo	吓呆了	عاجز عن التعبير
mémoriser	memorise	memorizar	memorizar	纪念	حَفِظَ
menacer	threaten	amenazar	ameaçar	威胁	هَدَّدَ
mensuel, n. m.	monthly	mensual	mensal	月刊	شهري
mépris, n. m.	contempt	desprecio	desprezo	蔑视	احتقار
mériter	deserve/merit	merecer	merecer	值得	استحق
message, n. m.	message	mensaje	mensagem	信息	رسالة
merveille, n. f.	marvel	maravilla	maravilha	奇观	أعجوبة
mesurer	measure	medir	medir	测量	قاسَ
métier, n. m.	profession/trade	oficio, profesión	profissão	职业	مهنة
militer	militate/campaign	militar	militar	战斗	ناضَلَ
minéraux, n. m. pl.	minerals	mineral	minerais	矿物	معادن
mineur, n. m.	minor/miner	minero	menor	矿工	قاصر
miniature, n. f.	miniature	miniatura	miniatura	袖珍版	حجم مُصغّر
minorité, n. f.	minority	minoría	menoridade	少数派	أقلية
mission, n. f.	mission	misión	missão	任务	مَهَمّة
mobiliser	mobilise	movilizar	mobilizar	调动	جنّد
monastère, n. m.	monastery	monasterio	mosteiro	修道院	دير
monument, n. m.	monument	monumento	monumento	历史性建筑物	نُصب
moquer (se)	flout/tease	burlarse	fazer pouco	嘲笑	سخر من
mort, n. f.	death	muerte	morte	死亡	موت
mousson, n. f.	monsoon	monzón	monção	季风	ريح موسمية

Mot français	ANGLAIS	ESPAGNOL	PORTUGAIS	CHINOIS	ARABE
müesli, *n. m.*	muesli	muesli	müesli	由谷物、燕麦片、杏仁和干果组成的一种早餐食品	حبوب غذائية متنوعة «موزلي»
multiculturel	multicultural	multicultural	multicultural	多元文化的	متعدد الثقافات
municipalité, *n. f.*	municipality	municipalidad	municipalidade	市政府	بلدية
mystère, *n. m.*	mystery	misterio	mistério	奥秘	غموض

N

nationalité, *n. f.*	nationality	nacionalidad	nacionalidade	国籍	جنسية
naturel	natural	natural	natural	自然的	طبيعي
noix, *n. f.*	nut	nuez	noz	核桃	جوز
nuancer	shade/qualify	matizar	paleta de cor	使具有细微差别	درّج
numérique	numeric	numérico, digital	numérico	数码的	رقمي
nutritionniste, *n.*	nutritionist	nutricionista	nutricionista	营养师	مختص في التغذية

O

œuvre, *n. f.*	work	obra	obra	著作	صَنْعَة
onduler	undulate/sway	ondular	ondular	摆动	مَوّج
opération, *n. f.*	operation	operación	operação	手术	عملية
opinion, *n. f.*	opinion	opinión	opinião	意见	رأي
ordinateur, *n. m.*	computer	ordenador	computador	电脑	حاسوب
organiser	organise	organizar	organizar	组织	نظّم
orphelin, *n. m.*	orphan	huérfano	órfão	孤儿	يتيم
oser	dare	atreverse	ousar	敢于	تجرّأ

P

palmarès, *n. m.*	prize list	palmarés	palmarés	排行榜	سجل التتويجات
paniquer	panic	aterrorizar	entrar em pânico	惊慌	ذَعَر
parachute, *n. m.*	parachute	paracaídas	pára-quedas	降落伞	مظلة طيران
paraître	appear	parecer	parecer	表现出	بدا
parc d'attractions, *n. m.*	amusement park	parque de atracciones	parque de atracções	游乐场	حديقة ألعاب
parcours, *n. m.*	route/journey	recorrido	percurso	行程	مسار
participer	participate	participar	participar	参加	شارَكَ
partir	leave/go	salir (irse)	partir	出发	ذَهَبَ
passager, *n. m.*	passenger	pasajero	passageiro	乘客	مسافر
patience, *n. f.*	patience	paciencia	paciência	耐心	صبر
permettre	allow	permitir	permitir	许可	سمح
pilotage, *n. m.*	piloting/steering	pilotaje, dirección	pilotagem	领航	قيادة
piocher	dig up/over	cavar	cavar	挖掘	حَفَر
pirate, *n.*	pirate	pirata	pirata	海盗	قرصان
piste, *n. f.*	track	pista	pista	线索	مضمار
plainte, *n. f.*	complaint	queja, reclamación	queixa	诉苦	شكوى
policier, *n. m.*	policeman	policía	polícia	警察	شرطي
politique, *n. f.*	politics/policy	política	política	政治	سياسة
population, *n. f.*	population	población	população	人口	سكان
potable	drinkable	potable	potável	可饮用的	شروب
portrait-robot, *n. m.*	photofit	retrato robot	retrato-robot	嫌犯素描像	صورة حاسوبية
pourcentage, *n. m.*	percentage	porcentaje	percentagem	百分比	نسبة مئوية
poursuite, *n. f.*	pursuit	persecución	perseguição	追逐	ملاحقة
pouvoir	be able to	poder	poder	能	تَمَكّنْ
préoccupation, *n. f.*	concern/preoccupation	preocupación	preocupação	忧虑	انشغال
préparer	prepare	preparar	preparar	准备	حضّر
presse, *n. f.*	press	prensa	imprensa	新闻界	صحافة
prêter	lend	prestar	emprestar	借	أقْرَضَ
preuve, *n. f.*	proof/evidence	prueba	prova	证据	إثبات
prévention, *n. f.*	prevention	prevención	prevenção	预防	وقاية
priorité, *n. f.*	priority	prioridad	prioridade	优先	أولوية
probabilité, *n. f.*	probability	probabilidad	probabilidade	可能性	احتمال
problème, *n. m.*	problem	problema	problema	问题	مشكلة
profiter	profit/benefit	aprovechar	aproveitar	利用	استفاد
programme, *n. m.*	programme/program	programa	programa	节目	برنامج

Mot français	ANGLAIS	ESPAGNOL	PORTUGAIS	CHINOIS	ARABE
projet, *n. m.*	project/plan	proyecto	projecto	项目	مشروع
prospectus, *n. m.*	leaflet	prospecto	prospectos	内容介绍	نشرة
protection, *n. f.*	protection	protección	protecção	保护	حماية
protéine, *n. f.*	protein	proteína	proteína	蛋白质	بروتين
prouver	prove/demonstrate	probar	provar	证实	أَثْبَتَ
provoquer	provoke/cause	provocar	provocar	挑衅	استفز
punir	punish	castigar	punir	惩罚	عاقب

Q

Mot français	ANGLAIS	ESPAGNOL	PORTUGAIS	CHINOIS	ARABE
quartier, *n. m.*	area/district	barrio	bairro	街区	حارة
questionnaire, *n. m.*	questionnaire	cuestionario	questionário	调查表	استمارة
quitter	leave/quit	dejar, abandonar	sair	离开	غادر
quotidien, *n. m.*	daily	diario	diário	日报	يوميات

R

Mot français	ANGLAIS	ESPAGNOL	PORTUGAIS	CHINOIS	ARABE
racisme, *n. m.*	racism	racismo	racismo	种族主义	عنصرية
raconter	tell	contar (relatar)	contar	讲述	حكى
randonnée, *n. f.*	hiking/backpacking	excursión, senderismo	passeio	远足	التجول سيراً
rappeur, *n. m.*	rapper	rapero	dançarino de rap	创作和演奏POP音乐的人	مغني الراب
rater	fail/miss	perder, dejar escapar	falhar	错过	ضيَّعَ
réalité, *n. f.*	reality	realidad	realidade	现实	واقع
rechercher	look for	buscar	procurar	追寻	بحثَ
récit, *n. m.*	story	relato	relato	叙述	قصة
recommander	recommend	recomendar	recomendar	推荐	أوصى بـ
recyclage, *n. m.*	recycling	reciclaje	reciclagem	回收	إعادة تصنيع
rédaction, *n. f.*	writing/editing	redacción	redacção	撰写	تحرير (كتابة)
réfléchir	reflect	reflexionar	reflectir	思考	فكَّر
réhydrater	rehydrate	rehidratar	hidratar	再滋润	أعاد التمييه
relooker	make over	cambiar de aspecto	criar outro look	给……新的外观	حسَّن هندامه
représentant, *n. m.*	representative	representante	representante	代表	ممثل
résoudre	resolve/solve	resolver	resolver	解决	حلَّ
responsable, *n.*	manager	responsable	responsável	负责人	مسئول
restaurer	restore	restaurar	restaurar	修复	رممَ
rester	stay/remain	quedar(se)	sobrar	剩下	بقى
retrouver	find/rediscover	encontrar, recuperar	encontrar	找到	استرجع
réussir	succeed	tener éxito, aprobar, lograr	conseguir	成功	نجَح
réviser	revise	revisar	rever	复习	راجَعَ
rire	laugh	reír	rir	笑	ضحِكَ
rôle, *n. m.*	role	papel	função	角色	دورٌ
roman, *n. m.*	novel	novela	romance	小说	رواية
rubrique, *n. f.*	header/section/menu	sección	rubrica	栏目	ركن

S

Mot français	ANGLAIS	ESPAGNOL	PORTUGAIS	CHINOIS	ARABE
s'exprimer	speak/express oneself	expresarse	exprimir-se	表达	عبَّر عن
sandale, *n. f.*	sandal	sandalia	sandália	凉鞋	صندال
sans-abri, *n. m.*	homeless person	sin techo	sem-abrigo	无家可归的人	بدون مأوى
santé, *n. f.*	health	salud	saúde	健康	صحة
sauce, *n. f.*	sauce	salsa	molho	调味汁	صلصة
sauver	save/rescue	salvar	salvar	救	أنقذ
scolarité, *n. f.*	schooling	escolaridad	escolaridade	入学	تمدرس
sécurité, *n. f.*	security/safety	seguridad	segurança	安全	أمن
seigneur, *n. m.*	lord	señor	senhor	领主	مَوْلى
senior, *n.*	senior citizen	anciano	sénior	老年人	كبير في السن
séparer	separate	separar	separar	分开	فَصَّلَ
sérieux	serious/important	serio	sério	严肃的	جدي
sketch, *n. m.*	sketch	boceto	relato	短小喜剧	تمثيلية فكاهية
slameur, *n. m.*	slam artist	rapero	declamador de poema	诗歌朗诵者	مغني موسيقى «السلّم»
société, *n. f.*	society/company	sociedad, empresa	sociedade	社会	مجتمع
soigner	treat/care for	tratar, cuidar	cuidar	照料	رعى
soldat, *n. m.*	soldier	soldado	soldado	士兵	جندي
solidarité, *n. f.*	solidarity	solidaridad	solidariedade	团结	تضامن

Lexique

Mot français	ANGLAIS	ESPAGNOL	PORTUGAIS	CHINOIS	ARABE
solution, n. f.	solution	solución	solução	解决方法	حَلّ
sommeil, n. m.	sleep	sueño	sono	睡眠	نوم
sondage, n. m.	poll/survey	sondeo	sondagem	探测	سبر آراء
sortir	go out/take out	salir	sair	出去	خَرَجَ
souvenir, n. m.	memory/souvenir	recordar	lembrança	纪念品	ذكرى
strip, n. m.	strip	strip	strip	零息债券	رقص إغرائي
style, n. m.	style	estilo	estilo	风格	أسلوب
styliste, n.	fashion designer	estilista	estilista	服装设计师	مصمم ملابس
suffrage, n. m.	suffrage/vote	sufragio	sufrágio	投票	اقتراع
surprise, n. f.	surprise	sorpresa	surpresa	惊喜	مفاجأة
suspect, n. m.	suspect	sospechoso	suspeito	嫌疑犯	مشتبه به

T

Mot français	ANGLAIS	ESPAGNOL	PORTUGAIS	CHINOIS	ARABE
tailleur, n. m.	tailor	sastre	fato de mulher	裁缝	خيّاط
tartine, n. f.	slice of bread & butter (jam, etc.)	pan con mantequilla	fatia	(涂有或供涂黄油等的) 面包片	شَرحَة خبز مطلية
teindre	dye/stain	teñir	tingir	染色	صَبَغَ
télécharger	download	descargar	telecarregar	下载	حمّل
témoignage, n. m.	account/evidence	testimonio	testemunha	见证	إدلاء بشهادة
témoin, n. m.	witness	testigo	testemunha	证人	شاهد
tendance	trendy/fashionable	tendencia	tendência	趋势	توجُّه
terminer	finish	terminar	terminar	结束	أنهى
textile, n. m.	textile	textil	têxtil	纺织品	نسيج
théâtre, n. m.	theatre	teatro	teatro	话剧	مسرح
tiède	lukewarm/tepid	tibio	morno	温的	دافئ
timide	shy/timid	tímido	tímido	腼腆的	خجول
tolérant	tolerant	tolerante	tolerante	宽容的	متسامح
tomber	fall	caer(se)	cair	摔倒	سقَطَ
tournage, n. m.	filming/shooting	rodaje	rodagem	拍摄	تصوير
travail, n. m.	work	trabajo	trabalho	工作	عمل
troc, n. m.	barter/swap	trueque	troca	物物交换	مقايضة
trottoir, n. m.	pavement	acera	passeio	人行道	رصيف
truc, n. m.	thing	chisme	truque	窍门	شيء
tuer	kill	matar	matar	杀死	قتَل

U

Mot français	ANGLAIS	ESPAGNOL	PORTUGAIS	CHINOIS	ARABE
universel	universal	universal	universal	宇宙的	عالمي
usage, n. m.	use	uso, utilización	utilização	用途	استعمال شائع

V

Mot français	ANGLAIS	ESPAGNOL	PORTUGAIS	CHINOIS	ARABE
veiller	watch/monitor	velar, estar de guardia	vigiar	熬夜	سهَر
vendre	sell	vender	vender	售卖	باعَ
venir	come	venir	vir	来	جاءَ
verser	pour/pay	derramar, servir	verter	倒	سكَب
vestimentaire	clothing-related	indumentario	vestimentas	衣着的	طريقة اللباس
victime, n. f.	victim	víctima	vítima	受害者	ضحية
vignette, n. f.	illustration	viñeta	vinheta	装饰图案	ملصقة
ville, n. f.	town/city	ciudad	cidade	城市	مدينة
violence, n. f.	violence	violencia	violência	暴力	عنف
visiter	visit	visitar	visitar	参观	زارَ
vitamine, n. f.	vitamin	vitamina	vitamina	维他命	فيتامين
vivre	live	vivir	viver	生活	عاشَ
voisin, n. m.	neighbour	vecino	vizinho	邻居	جار
vol, n. m.	theft/flight	vuelo, robo	roubo	盗窃	سرقة
voleur, n. m.	thief	ladrón	ladrão	小偷	سارق
voter	vote	votar	votar	选举	انتخب
vouloir	want	querer, desear	querer	愿意	أراد
voyager	travel	viajar	viajar	旅行	سافر

Y

Mot français	ANGLAIS	ESPAGNOL	PORTUGAIS	CHINOIS	ARABE
yaourt, n. m.	yoghurt	yogur	iogurte	酸奶	زبادي
yeux, n. m. pl.	eyes	ojos	olhos	眼睛	عين
yoga, n. m.	yoga	yoga	yoga	瑜伽	يوغا